MILESTONES

Milliaires

1978 - 1989

by Michel Galiana

(Bilingual Edition – Edition bilingue)

Translated by **Christian Souchon**

The Borgo Press
An Imprint of Wildside Press

MMVIII

Copyright © 2008 by Christian Souchon

First Edition

PREFACE

By Christian Souchon

Michel Galiana's apparent life.

During his lifetime, all anybody knew of my brother Michel, was what he wanted them to know.

He was my parents', *Paul and Hélène Souchon*, second child, born on 26th of January 1933 in Paris. My father was a brilliant electrical engineer whose interests were confined to technique. My mother was a secretary, born in Nantes in Southern Brittany. She devoted her life to raising her five children born between 1930 and 1945.

They lived at first in the 15th Paris district, not far from the Eiffel Tower till 1938, until they moved to a suburban town, Viroflay –next to Versailles. With the coming of a second daughter, my parents had a bungalow built on a small estate on the edge of the Meudon forest, in front of a stately 19th century manor with a beautifully timbered park. I mention these surroundings since they appear many times in my brother's poetry.

Young Michel went to school in Viroflay and by the end of the second world war was admitted to the high school "**Lycée Hoche" in Versailles**. There he studied humanistic curriculum and excelled in French, Latin, Spanish, English and History.

Once, the headmaster summoned my father to his office and reprimanded him for writing Michel's home work essays. But in the meantime Michel had produced other essays, written in the class room, proving that he was the true author of these masterworks – not his father. The headmaster apologised and prophesied :"Sir, if ever your name becomes famed, you will have to thank your son Michel for that". My parents did not take this prophecy seriously, and did not give Michel the praise he craved.

PREFACE

Par Christian Souchon

Qui était Michel Galiana selon les apparences ?

Comme le reste de ma famille, je n'ai connu de mon frère Michel, de son vivant, que ce qu'il a bien voulu qu'on en connaisse.

Il était né le 26 janvier 1933, deuxième enfant de Paul et Hélène Souchon, mes parents. Mon père était ingénieur électricien les intérêts se limitaient aux choses techniques. Ma mère avait été secrétaire à Nantes, sa ville natale, puis sa vie avait été entièrement consacrée à élever les cinq enfants qu'elle mit au monde entre 1930 et 1945..

La famille habita au début à Paris, dans le 15ème arrondissement, celui de la Tour Eiffel jusqu'en 1938, avant de s'installer dans la banlieue ouest, à Viroflay, près de Versailles, où mes parents, avec la venue d'une seconde fille, avaient fait construire un pavillon sur un petit terrain à la lisière du bois de Meudon, face à un manoir du 19ème siècle entouré d'un très beau parc. Cet environnement allait avoir un profond impact sur la créativité du poète.

Le jeune Michel alla à l'école de Viroflay puis, vers la fin de la guerre, entra au Lycée Hoche de Versailles, où il fit des études littéraires comprenant Français, Latin, Espagnol, Anglais et Histoire, pour ne parler que des disciplines où il se montrait particulièrement brillant. Un jour, mon père fut convoqué dans le bureau du Proviseur qui voulait le prier de ne plus rédiger les rédactions à la place de son fils. Mais entre temps Michel avait convaincu ses maîtres, par des dissertations faites en classe, qu'il était bien l'auteur des chefs d'œuvre et non son père. Le proviseur s'excusa et prophétisa : « Monsieur, si votre nom est connu un jour, vous le devrez à votre fils Michel. » La prophétie ne s'est pas réalisée à ce jour.

Michel decided to place the nom de plume Michel Galiana on his poems, thus depriving his family any part in his fame, and nullifying the prophecy.

But Michel was a shy boy who tended to slouch: **his voice never completely broke** at the puberty. Therefore he seldom spoke and he hid in his room reading books morning, noon and night. Our father sometimes tried to frighten him into more common boyhood pursuits. But my brother usually ignored these fearsome tirades.

There were however happy spells in his reclusive life. In particular he loved the yearly summer holidays that our family usually spent in **Nantes** with our grand-parents in their small ivy-covered house. It had an orchard, a vegetable garden and a tiny vineyard attached to it. My grand father made a wine of his own that we children refused to drink since it was an awfully bitter. He was a picturesque character with a long beard, a former far-travelled sailor who had allegedly caused a mutiny on a ship in Indochina. He loved to sing old ditties or French operatic arias to which young Michel listened with rapture. Nantes, at that time still accessible to overseas vessels was a place likely to fire a poet's imagination, and it has stately monuments depicting the past splendour of the Dukes of Brittany. Several poems by Galiana allude to this happy time;

Michel entered around 1952-53 **Paris University** where he studied History and Geography and obtained a Bachelor of arts degree. He knew that his cracking voice and his timidity were huge handicaps for a **teacher**'s career. He applied for a couple of graduate high schools specialising in matters disconnected from teaching like managing museums or historical archives. This sort of job was mostly reserved for friends of people who have influence. Our father had enough influence and might have helped Michel, but he chose not to use it. So my brother resigned to his fate and passed the Certificate of Aptitude to become a Teacher in the secondary education system.

Elle ne le sera jamais, en vérité, puisque Michel s'est choisi le pseudonyme de « Michel Galiana ». Cette anecdote aurait du éveiller l'attention de mes parents.
Mais Michel était un enfant timide, sans ascendant sur les autres, handicapé par une voix qui avait incorrectement mué à la puberté. De ce fait il parlait peu. Sa seule activité était la lecture et on le voyait lire du soir au matin. Notre père essaya bien de le raisonner pour le ramener à la norme, mais Michel faisait peu de cas de ses terribles remontrances.

Il y eut cependant des moments de bonheur dans cette existence terne, en particulier les grandes vacances qui conduisaient la famille à **Nantes** chez nos grands-parents maternels. Ils habitaient une petite maison couverte de lierre que jouxtaient un verger, un potager et une petite vigne. Mon grand-père faisait son propre vin que ses petits-enfants refusaient de boire tant il était mauvais. C'était un personnage pittoresque avec sa longue barbe, un ancien marin qui avait beaucoup voyagé et une forte tête qui avait, soi-disant, pris la tête d'une mutinerie au Tonkin. Il aimait chanter les airs des opéras français de sa jeunesse: que Michel écoutait avec délice. Le port de Nantes, encore accessible aux grands bateaux était un lieu propre à enflammer l'imagination, ainsi que les monuments qui témoignent de la splendeur passée des Ducs de Bretagne. De nombreux poèmes célèbrent cet heureux temps.

Michel entra vers 1952-53 à la Sorbonne où il étudia l'histoire et la géographie et obtint la licence. Il savait que son infirmité vocale et sa timidité étaient des handicaps sérieux pour une carrière d'enseignant. C'est pourquoi il se présenta à plusieurs concours d'entrée dans des institutions sans lien avec l'enseignement, mais préparant à des professions d'archivistes, de bibliothécaires ou de gestionnaires de musées comme l'Ecole des Chartes. Son père qui avait pourtant des relations ne lui vint pas en aide pour forcer les portes de ces forteresses bien gardée. Il dut donc se résoudre à préparer le CAPES indispensable pour devenir professeur de l'enseignement secondaire.

After 27 months in military service (France was waging war in Algeria), he was hired for his first real job as a history and geography teacher in a girl college in a town amid the Champagne vineyards. Though he did not complain –he never did- it was evident that he was immensely unhappy because he was cruelly baited and ragged by his pupils. A second attempt at an International college south of Paris where his antagonists were little Americans and Canadians was still worse.

Eventually the Ministry of Education found him a replacement job as a "**technical redactor**" in the real estate department of the National health administration. Like the bank clerk *Franz Kafka*, he depended on this lustreless job for his bread and cheese for over 30 years until he retired in 1998. He did not enjoy a long retirement since he was to die only one year later on a tour to Mali in Black Africa, on 27th April 1999 to the great surprise of his siblings since he did not inform them of this trip.

He died as a confirmed bachelor. **Women** had apparently played no role in his life. In fact his poems were to reveal that he fell in love once when he was a teenager with a mysterious girl on a certain 29th of June. The poetry collection "Out of a book of hours" begins with a love poem, dated from June 1953. And his subsequent work shows him again and again infatuated with girls or women he came across, like an eternal teenager. Neither my sisters nor I have been able to discover their identities.

His sole passions seemed to have been **reading**, listening to **music** and **travelling** the world. He was a capital customer for tour operators and there was hardly a country in the world he had not visited. Due to his devouring passion for books and classical music his studio apartment situated above the offices of the family firm in Viroflay, was crammed with books and LP records from floor to ceiling. I wish my parents had allowed him to learn to play the piano or some instrument, since he was evidently a profound lover of music and playing an instrument would have been a mean to counteract **his incommunicability**.

Après un interminable service militaire (27 mois, c'était l'époque de la guerre d'Algérie), il reçut sa première affectation en tant que professeur d'histoire -géographie dans un collège de filles à Epernay. Bien qu'on ne l'ait jamais vu se plaindre , on devinait qu'il était très malheureux et qu'il était cruellement chahuté par ses élèves. Un second essai au Lycée international de Fontainebleau où il fut livré à une horde de petits Canadiens et Américains s'avéra une épreuve encore plus terrible.

Finalement le ministère de l'Education nationale lui procura un emploi de traitement équivalent, un poste de rédacteur technique dans le département immobilier de la Caisse nationale d'assurance-maladie. Comme l'employé de banque, Franz Kafka, c'est à un obscur gagne-pain qu'il consacra plus de trente années de sa vie avant de prendre sa retraite en 1998. Il n'eut pas le loisir d'en profiter longtemps, car il devait succomber à une insolation lors d'un voyage qu'il fit au Mali, le 27 avril 1999, à la grande surprise de ses frère et soeurs qui n'étaient pas informés de son départ.

Il mourut célibataire. Les femmes n'avaient en apparence joué aucun rôle dans sa vie. En réalité, ses poèmes montrent qu'il s'éprit le 29 juin 1953 d'une mystérieuse jeune fille rencontrée ce jour-là et dont le premier poème du recueil "D'un livre d'heures" livre le prénom sous forme d'acrostiche. Par la suite, ses textes le montrent amoureux de bien d'autres femmes mystérieuses qui croisent son chemin, comme un éternel adolescent.

Ses seules passions semblent avoir été la lecture, l'écoute de la musique et les voyages dans les pays lointains. Il fut un client fidèle des voyagistes et il y a peu de pays qu'il n'ait jamais visité. Ces passions dévorantes pour les livres et la musique classique le conduisirent à bourrer son studio -situé au dessus du siège de l'entreprise familiale à Viroflay- de livres et de disques du plancher jusqu'au plafond. Mes parents auraient du lui faire apprendre le piano ou quelque autre instrument, ce qui lui aurait permis de compenser **son incommunicabilité** pathologique..

As time went by, the handsome shy youngster had grown into a self-neglecting shaggy character, as solitary as a barn owl , even if he lavishly availed himself of the cultural opportunities offered by the nearby capital: theatres, opera, cinemas, conferences, exhibitions, which he however always attended alone.

In spite of this solitary way of life, he was by no means an egoist. I rarely met such a generous and good fellow in all my life. Despite his disgust for money or social prestige, he helped me run the family firm, insure its survival after our father's sudden death in 1976. Over a hundred families of our employees are indebted to his self-abnegation for having maintained their source of income for over 30 years. When he died the fragile balance among the shareholders was shattered and the firm had to be sold.

He often indulged in making jokes at family parties, but otherwise, he did not express his emotions publicly. I cannot remember having seen him crying even when my parents died. It was the consequence of a psychic disease preventing him from expressing his deepest emotions

When he was a teenager, our parents once discovered one of his hand-written manuscripts that he had hidden. Our parents foolishly bragged to the neighbours about their son's talent instead of respecting his privacy. After that Michel appeared to give up writing.
I remember a line out of a wonderful poem about a sailboat

"Le vaisseau part de Carthagène", "The vessel leaves from Cartagena »...

Avec les années le beau jeune homme se transforma en un original, bohème et négligé, vivant dans la solitude la plus complète, et s'il fut un spectateur assidu de la vie culturelle de la capitale, c'est toujours seul qu'il allait au théâtre, à l'opéra, au cinéma, aux conférences et aux expositions.

Malgré ce style de vie, il était tout le contraire d'un égoïste. Il était la bonté et la générosité même. Bien qu'il se soit soucié comme d'une guigne de l'argent et du prestige social, il accepta d'occuper un poste à la direction de l'entreprise familiale que je dirigeais, uniquement pour assurer la survie de cette dernière, après le décès soudain de notre père en 1976. Plus de cent familles de nos salariés doivent à son abnégation d'avoir conservé leur source de revenus pendant plus de 30 ans. Quand il mourut, le fragile équilibre entre les actionnaires fut définitivement détruit et la société dut être vendue

Bien qu'il plaisantât souvent au cours des réunions familiales, je ne me souviens pas l'avoir jamais vu pleurer, même à la mort de ses parents. C'était là la conséquence d'une infirmité psychique, qui l'empêchait d' exprimer ses plus profondes émotions.

Michel n'était encore qu'un adolescent, lorsque mes parents découvrirent un jour un recueil manuscrit de poèmes dont il n'avait parlé à personne. Mes parents eurent la mauvaise idée de ne pas respecter le secret dont Michel désirait s'entourer et firent des gorges chaudes de leur découverte. Désormais Michel sembla cesser d'écrire..
 Je me souviens d'une ligne d'un merveilleux poème où il était question de bateaux à voiles :
« *Le vaisseau part de Carthagène...* »

The poet Michel Galiana

After Michel's death, two of our sisters searched his small studio apartment from top to bottom and discovered an enormous quantity of books and manuscripts in his bedroom, a sanctuary that none of us had ever entered before. They found cardboard boxes full of little books by a certain **Michel Galiana**, whom a rapid examination proved to be no other than our brother. These small books had been published at the author's expense between 1987 and 1993 and evidently some boxes of them had never been distributed.

Michel had published :
-under his birth name, (In1966) Michel Souchon, a picaresque novel, "**The Shadow Theatre**" similar to Voltaire's philosophical tales. I had heard of it during my national service and must admit that I did not pay much attention to it.

Most of his creative works are signed with the pseudonym, Michel Galiana (Galiana was a Moorish princess who gave up her splendid palace in Toledo to follow a young Frankish knight who later became Emperor Charlemagne, and my brother saw himself as a suitor renouncing fame and material wealth for a higher ideal, poetry.)

These works fall into three categories:

- two essays, entitled "**Beyond your Homeland**" (1987) and "**Treatise on Indifference**" (1989) in which he proclaims " that he wants no part in the collective extravagances forced on us by State and Society and extols indifference as a virtue, excluding however revolt which generates new kinds of alienation",

Le poète Michel Galiana

Après le décès de Michel, deux de mes soeurs fouillèrent son petit studio de font en comble et découvrirent une énorme quantité de livres et de manuscrits dans sa chambre où il n'avait jamais laissé entrer personne. Il y avait aussi des boites de carton pleines de petits livres d'un certain Michel Galiana qu'un rapide examen révéla n'être autre que notre frère. Ces petits livres avaient été publiés à compte d'auteur entre 1987 et 1993 et , à l'évidence, ces exemplaires avaient été retournés à leur auteur.

Michel avait écrit :
-sous son nom d'état civil, un roman picaresque, « **Le jeu des ombres**" dans le goût des romans philosophiques de Voltaire (1980). J'en avais entendu parler pendant mon service militaire et je dois admettre que je n'y avais pas prêté grande attention.

Sous le pseudonyme, de Michel Galiana, (c'est le nom de la princesse mauresque qui abandonna son splendide palais de Tolède pour suivre un jeune chevalier Franc qui allait devenir l'Empereur Charlemagne. De même le poète renonce à son statut social et aux richesses pour se consacrer à un plus grand idéal : la poésie.
Ces œuvres se répartissent en trois catégories :

-deux essais intitulés « **Par-delà la Patrie** » (1987) et "**Traité d'indifférence**" (1989) dans lequel il proclame, "son refus de participer aux folies collectives que nous imposent l'Etat et la société et prône l'indifférence comme une vertu, sans recourir à la révolte, trop souvent génératrice d'autres aliénations. » Certains chapitres sont en réalité des poèmes en prose.

- two collections of narratives "**A Trip to the West Suburbs**" (1991) and "The Cry" (1993) unfolding in a no man's land between two worlds, the objective one and the domain of reverie and inner thoughts which everybody may call his own and is the best part of him.

- three collections of poems :
1° "**The Dream in the Orchard**" (1990) where verse appears in a strict classical shape (Mostly so-called Alexandrines that is to say 12 syllable verses). Most of the poems were written between 1988 and 1990, but some of them date to 1961 or earlier.

2° "**In Memoriam**" (1991), also adheres to the strict canons of poetry.
It is made up of three parts, the first consists of poems written before 1954, the second in September-October 1978, and the third containing exclusively poems dated from 1990 which are all written in eleven syllable lines. Each part is a vantage point from which the author looks back at his life with the growing perspective of age.

3° The third collection, "**Out of a Book of Hours**" (1992), has a title borrowed from the German Poet *Rilke*. Like his previous books it also gives account of his poetic introspection but in a less structured manner: many poems are almost prose-like in structure.

Apart from his printed volumes, my sisters found scores of hand-written or typed novels and essays and a dozen 200 page copy books full of hand-written poems.
The present "Milestones" belong to this category.

We also found correspondence Michel had with practically all publishing houses in Paris, **chronicling his endeavours to have his works published and showing that he was fully aware of their outstanding value.**

-deux recueils de nouvelles "**Voyage en Hauts-de-Seine**" (1991) et "Le cri" (1993) qui se décrivent un no man's land entre deux mondes , le monde objectif et le domaine de la rêverie et des pensées profondes qui sont le propre et la meilleur part de chaque être.

- Et trois recueils de poèmes.

1° "**Le songe du verger**" (1990) où le vers apparaît sous la forme de l'alexandrin classique. La plupart des poèmes sont récents écrits entre 1988 et 1990, mais certains d'entre eux remontent à 1961 et avant.

2° Puis « **In Memoriam** » (1991) qui respecte également les règles strictes de l'art poétique.
 Le recueil comporte trois parties : poèmes écrits avant 1954, poèmes datés de septembre -octobre 1978 et poèmes de 11 pieds datés de 1990.. Chaque partie jette un regard rétrospectif sur les années écoulées.

3° Le 3ème ouvrage, « **D'un livre d'heures** » (1992) emprunte son titre à Rilke. Comme dans les deux recueils précédents il y est question d'introspection poétique mais de façon moins structurée et certains poèmes sont proches de la prose.

Outre ces ouvrages publiés, des vingtaines de nouvelles et de romans manuscrits ou tapés à la machines et une douzaine de cahiers de 200 pages couverts de poèmes f furent trouvés.
Les présents « Milliaires » appartiennent à cette catégorie.

On trouva également la correspondance que Michel échangea avec pratiquement toutes les maisons d'édition parisiennes, témoignant des **ses efforts pour faire publier son œuvre et de la pleine conscience qu'il avait de leur valeur exceptionnelle.**

My brother also had an **extensive personal library**. My family wanted to give his books away, in order to sell the apartment as quickly as possible. Although I had no time to examine their discoveries, I supposed my brother's enigmatic poems would probably contain references to books in his collection. And since I wanted to understand his poetry, I wanted to keep his library as well. I therefore insisted on buying the small studio, so as to prevent this invaluable collection of books and records from breaking up. Besides, Michel had drawn up a map of his Babylonian library clearly showing how important its maintaining was to him.

The first translation

Without my brother's support, family squabbles forced me to sell the family firm in July 2002. The profit enabled me to retire. I chose to use my new free time to scrutinise the books and documents making up my brother's bequest. And what I had considered at first sight as mere gobbledegook appeared suddenly as elegant, refined, powerful and poignant poetry.

I don't remember on what occasion I was prompted to translate the first poem for a German acquaintance. I know that it was a piece about a cat catching a bird which is also a metaphor of destroying love, a sonnet in the French poet *Stéphane Mallarmé's* **"hermetic"** style where each word was deftly chosen, so as to evoke instead of naming things by their "proper" name. Thus, the bird was "a wing" or "a flight", whereas the word "cat" was nowhere to be found. I went on translating, endeavouring to keep the music of the original. It became evident, that translating and thus pondering on each word was the best way to roughly "understand" what the author meant. Supposing at least that he was himself conscious of this meaning. For Michel writes somewhere:

"Of the sentences I utter, I'm the speaker, not the father"

Il me fallut livrer une dernière bataille pour sauver sa bibliothèque que ma famille voulait évacuer pour vendre l'appartement vidé de son précieux contenu. Bien que je n'aie pas eu le temps d'inspecter ces découvertes, je supposais que l'héritage littéraire de mon frère n'avait de sens que considéré à la lumière de ce corpus qu'il fallait conserver pour le prendre en compte. J'obtins d'acheter le petit studio de manière à empêcher la dispersion de l'inestimable –de ce point de vue- collection de livres et de disques qu'il renfermait. D'ailleurs Michel avait dressé un plan de sa « Bibliothèque de Babylone », montrant ainsi clairement l'importance qu'il attachait à sa conservation.

La première traduction

Après la vente de l'entreprise familiale en juillet 2002, je commençai à examiner les livres et les documents laissés par mon frère. Ce que je considérais à première lecture comme du pur galimatias m'apparut soudainement comme une poésie à la fois élégante, puissante et poignante.

Je ne sais plus dans quelles circonstances je fus amené à traduire le premier poème pour une relation allemande, mais je sais qu'il s'agissait d'un chat qui attrape un oiseau et d'un sonnet dans le style hermétique de Mallarmé, où chaque mot était choisi adroitement pour évoquer plutôt que désigner les choses par leur nom « exact ». C'est ainsi qu'un oiseau devenait "une aile" ou "un vol" et que le mot "chat" ne figurait nulle part.

Je continuais de traduire en m'efforçant de conserver la musique des mots. Ce faisant je découvris que traduire, et donc s'arrêter ainsi sur chaque mot était le meilleur moyen de déchiffrer, au moins grossièrement, le message de l'auteur, dans la mesure où lui-même en était conscient, lui qui écrit quelque part.

« *Les sentences que je profère, Je suis leur bouche non leur père"*

expressing, I suppose, the idea that the work contains more things than the author tries to express and readers may find them even if they are inaccessible to the author.

Via the Internet I made the acquaintance of a charming American lady, **Ms Lois Wickstrom**, an acknowledged author of children's and SF literature and I happened to tell her of my brother and his poems. I submitted to her the aforesaid poem and she encouraged me to go on translating and offered to check my texts to make sure they are comprehensible in English, an unconsidered offer that I remorseless accepted.
I considered that the English *language made this poetry accessible to a much larger audience* than the apparently narrow minded French speaking one, whose responsiveness –at least as far as the professional publishers are concerned- seemed to be problematic

The other translations

Though I neither speak nor understand properly spoken English, I have maintained a long lasting, but unfortunately only bookish relationship with the English language and English literature. Besides, I was for a short time, a free lance translator with OECD. But my profession very rarely required me to speak any language other than my own mother tongue.
 I have been nevertheless always fascinated by translation of poetry, for instance the fantastic translations of Shakespeare's sonnets by the German *Gottlob Regis* and the Frenchman *Jean Malaplate*, whose achievements are in my opinion nearly as remarkable as their renowned model. *Voltaire*, considered that only verses may translate verses. A prose translation of verses may only provide information on the contents of the original. So does a black and white photograph of a painting. *Paul Valéry* wrote "*one puts into prose as he would put into a bier.*"

exprimant par là sans doute l'idée qu'une œuvre contient plus de choses que l'auteur s'efforçait d'exprimer et que ses lecteurs peuvent découvrir même si elles sont inaccessibles à lui-même.

Grâce à Internet je fis la connaissance d'une charmante dame américaine, **Mme Lois Wickstrom,** auteur reconnu de littérature enfantine et de romans de science fiction, laquelle a (comme moi) ouvert un site ce qui m'a amené à lui parler de mon frère. Je lui ai envoyé le poème susdit et elle m'engagea à poursuivre dans cette voie tout en m'offrant de relire et contrôler mes textes, ce qu j'acceptai aussitôt sans hésiter.
Je considérais que l'anglais permettait l'accès de ces poèmes à un public beaucoup plus large que le seul public francophone, peut-être moins ouvert à la poésie, en tout cas en ce qui concerne les professionnels de l'édition dont il était vain de vouloir éveiller l'intérêt.

Les traductions suivantes

Bien que je ne parle ni ne comprenne pas couramment l'anglais parlé, j'ai cependant entretenu une longue relation, uniquement livresque, hélas, avec la langue et la littérature anglaise. Par ailleurs, j'ai été un certain temps un collaborateur extérieur des services de traduction de l'OCDE. Mais ma profession ne m'a jamais -ou très rarement- amené à faire usage d'autres idiomes que ma langue maternelle.
Mais j'ai toujours été fasciné par la traduction de la poésie, par exemple les merveilleuses traductions des sonnets de Shakespeare par l'Allemand *Gottlob Regis* et le Français *Jean Malaplate*, dont les mérites ne sont pas loin, selon moi, d'égaler ceux de leur illustre inspirateur. *Voltaire* considérait que seuls des vers peuvent traduire des vers. Une traduction en prose d'un texte en vers fournit tout au plus une information sur le contenu de l'original, comme le ferait la photographie en noir en blanc d'un tableau. *Paul Valéry* écrivait *"on met en prose comme on mettrait en bière "*

I tried as much as possible to faithfully keep the form my brother chose for each poem, length of line, rhymes or assonances. Of course it was essential to preserve the sense –or the apparent nonsense- as strictly as possible, without adding or suppressing or modifying anything essential and to try to write what I imagined Michel would have written if he had written in English .

Every now and then, it appeared necessary to give up one of these contrary requirements when they proved impossible to conciliate, but it was done within limits set by common sense with a view to saving the essential: the general meaning and the music of the poem. I beg the reader's pardon if I didn't always succeed in so ambitious an enterprise.

Dans la mesure du possible, la forme du poème original est respectée est respectée : longueur des vers, rythme, assonances. Bien entendu il était indispensable de conserver le sens –ou le non-sens apparent- le plus exactement possible, sans ajouter ou supprimer ou modifier rien d'essentiel., de s'efforcer d'écrire ce qu'on pouvait imaginer que Michel aurait écrit s'il avait écrit en anglais.

De temps en temps, il m'est apparu nécessaire de m'écarter de l'un ou de l'autre de ces impératifs antagonistes quand ils se révélaient inconciliables, mais de le faire dans les limites fixées par le bon sens afin de sauver l'essentiel : le sens général et la musique du poème. Je prie le lecteur de me pardonner si je n'ai pas toujours été à la hauteur d'une entreprise aussi ambitieuse.

23

MERMAID'S SONG 1

Be my guest, song that takes me away, traveller
Who carries to the remotest boroughs of my domain
The message and the tales of lands still remoter,
And having seized his staff, his shoes, departs again,
So that nights never twice sweep along the same stars,
And the girl at the close of day may raise her arms
Distorted like a key to hail a god to come.

On the shore that cavalcades tread
The smooth cloth of silence I laid
And I kept at bay weal and woe,
Unfolding cob, autumnal ripening fruit,
And wrinkles furrowing the appeased forehead,
The only mate I kept to my right is seated:
The mother of all peace, haughty Indifference.

And now, let come down the night of oblivion !
Look, under flickering stars, their lapping reflection
And the entangled rush turned to an obscure screen.
But from which star was poured, of all others unseen,
This gleam pervading the night?

30th May 1978

Note :*Titles tagged with an asterisk were added by the translator*

CHANT DE LA SIRENE 1

Sois mon hôte, chant qui m'emporte, le voyageur
Qui dépêche aux bourgs perdus de mes provinces
Le message et les contes de contrées encore plus lointaines
Et s'en va, ayant repris son bâton et ses sandales
Pour que les nuits jamais plus ne charrient les mêmes étoiles
Et que la jeune fille lève au soir vers un dieu qui vient
Les bras tordus comme une clef.

Sur la plage foulée de cavalcades
J'étends la nappe lisse du silence.
Au loin j'ai assigné la joie et la douleur,
L'épi qui naît et les fruits mûrissant à l'automne,
Le sillon de la ride sur le front apaisé
Pour ne garder, qui siégera à ma droite,
Que la mère de toute paix, que la lointaine indifférence.

Et maintenant tombe la nuit de l'oubli!
Sous les étoiles qui clignotent clapotent des miroirs
Et l'enchevêtrement des joncs entasse les ténèbres,
Mais de quel astre ruissela, visible pour moi seule,
Cette clarté qui baigne la nuit?

30 mai 1978
Note: Les titres marques d'un astérisque ont été ajoutés par le traducteur

MERMAID'S SONG 2

Better than I did, the sea knew the route.
Fingers, spin for me: I am the blind past.
Thus shuttle, scythe, adze know better about
Weft, crouching corn, god hiding in the cask.

I'm prone to silence and faithful to grief,
Listening to cohorts of on-marching worlds
Whose trample resounds in my arteries,

I shall be the cup where the wine is poured.
The drinker may be intoxicated :
Since I bridge a gap, what does it matter?

I shall be the bronze urn over the hearth
Where, wedded to fire, the water babbles.
I shall be the bow where have merged to one
Tautened wood and shaft and starlit summit.
And I shall be my blithe world's otherworld:

The yews slumbering in Ithaca's sun,
Streaked with shades of clouds, the sea impassive
Till a flight of gulls over it wavers.
Among lapping waves and teeming crabs are
Sounding promises of near departures.
24th May 1978

CHANTS DE LA SIRENE 2

La mer mieux que moi connaissait le chemin.
Mes doigts, filez, car je suis le passé, l'aveugle.
La navette, la faux et la doloire connaît la toile, l'épi tapi
Et quel dieu guète sous la gangue.

Fidèle à la douleur, docile au silence,
J'écoute battre au fond de mes artères
Les cohortes d'un monde en marche.

Que je sois la coupe où verser le vin.
Et qu'importe si l'ivresse est au buveur
Puisque je suis le pont.

Que je sois le bronze sur le foyer
Où gazouille la noce du feu et de l'eau.
Et l'arc qui en lui même contient
Le bois, le dard et la cime étoilée.
Que je sois l'au-delà de mon bonheur

Les brebis dorment au soleil d'Ithaque.
L'ombre des nuages tigre la mer impassible.
Et voilà qu'un envol de mouettes vacille sur la mer.
Sous le clapotis des vagues et des crabes
Retentissent les promesses de départs.
24 mai 1978

MERMAID'S SONG 3

Closed, the idle mouth, harbouring a regret
As if dyking a flow, stands still and it contains
A stifling inferno in hairs and appeals set
In the stomach that is still denied, and refrains...

And a whole swaying side unfurls its haunting fan.
Then two white and slim hills soaring, at last the cry-
And the learned and happy mouth quietens down and smiles,
Foam of the secret that presses and ties and bends.

24th May 1978

CHANT DE LA SIRENE 3

Close la bouche oisive où habite un regret
Comme un jet sourd et tu s'immobilise, cloue
Un brasier suffoquant par les crins et l'attrait
Du ventre à nul encore accessible, se tait...

Et tout un flanc ployé dit hantise une roue.
Puis l'essor de deux pics blancs et grêles, le cri-
Et s'apaise savante et heureuse et sourit,
Ecume du secret qui pèse, ploie et noue.

24 mai 1978

MERMAID'S SONG 4

O say, whose craft has wrought the top crest and the span
With starts, with sudden breaks, with stirs and with eddies
Over the chasm that engulfs the uttered cry?
Arched against the night swelling it, the billow
Of the strong song with which it mingles does not know.

Deaf sea, who lulled me but for a while, you haunt me.
Did I become the conch where sounds the gaping night?
Am I the flow that so many stars have modelled?
Greedy, I flee myself. I lure myself, hostile.
On the dune a gleam, suddenly.

A spinning dance within my night turns like a key.

25th May 1978

CHANT DE LA SIRENE 4

Qui dira, de ressauts, de halte, de remous,
Quel ouvreur érigea la crête et la volée
Sur l'engloutissement d'un cri?
Cambré contre la nuit qui le hausse, le flot
Ne sait quel chant le meut qu'il chante à lui mêlé.

Sourde qui m'a bercée, à peine, et qui me hante
Suis-je la conque où retentit la nuit béante?
Suis-je ce flot qu'ont tant d'étoiles modelé?
Avide je me fuis. Hostile je me tente.
Un bref reflet luit sur la dune.

Une ronde en ma nuit tourne comme une clef.

25 mai 1978

MERMAID'S SONG 5

I shall know your secrets, O night heavy with stars!
But not this abandon, but not this haunting cry
On my lips - and strong is the chain with which I'm tied.
Priestess, I immolate myself at my altar.
One by one my sisters accomplished the same wont.
Stars, it's our heaviness that enforces the morn.

But since the abyss was not muzzled, what matter?
Look, the swell is rolling and my beacons flicker.
A star is given birth: night is in labour pains.
It's a god's rise that this awaking glance proclaims.

A voice persisting though it wants silent to be
Of the world bracing me reveals the mystery.

27th May 1978

CHANT DE LA SIRENE 5

Je saurai tes secrets, nuit, d'étoiles pesante,
Mais non cet abandon, mais non ce cri hantant
Mes lèvres - et la chaîne est sûre qui me tient.
Prêtresse je m'immole à l'autel qui m'habite.
Une à une mes soeurs ont pratiqué le rite.
Etoiles, notre poids impose le matin.

Mais qu'importe puisque n'est muselé le gouffre.
Voici rouler la houle et chanceler mes feux.
Une étoile enfantée et c'est la nuit qui souffre.
Un regard qui s'éveille et c'est l'essor d'un dieu.

Une voix qui persiste et qui voudrait se taire
Du monde qui me tend révèle le mystère.

27 mai 1978

MERMAID'S SONG 6

Long, shadowy the hand strokes it -while the other
Weighs up this flowing night cascade on the shoulder
Waving down to the tip of a breast as it slides
To the start of a hip's bright and subsiding lines-
And skilfully resting, brown snake upon the glow
-Gaping on the pliant fire of twin flesh below
That were slowly kneaded, pebbles tawny and fair -
Of lust and in painful search of her own delight,
Abruptly averts the narrow brow from the light
And down the uncovered sides lets slip her rash hair .

29th May 1978

CHANT DE LA SIRENE 6

Longue la main caresse opaque - et l'autre pèse
Cascade, cette nuit ruisselante qui pend
Houlante de l'épaule où pointe un sein, où prend
Essor l'arc clair du flanc en ligne qui s'apaise-
S'attarde savamment, serpent brun sur la braise
Qui s'ouvre vers le feu flexible de deux chairs
Longuement modelées, galets au soleil chers,
Du sexe et douloureuses à chercher son délice
Brusque tord vers la nuit le front étroit, et glisse
La chevelure fuite vive aux flancs déserts.

29 mai 1978

MERMAID'S SONG 7

As the wave sweeps the shore with its long train of foam,
It is accompanied by squawking of seabirds
And by the growling of the rocks answering them,
But beneath it in a basso continuo
A song tells us of the slowness of days that grow
And prompt to germinate the sea shells and the stones.

Wild migrations dash past along the stream of blood
Pouring out from the lakes with a mist-muffled roar.
The blood that stands still knows of the blood on the run.
What bedazzlements spark under closed eyelids
When the ignorant palms of your hands press on them
And you perceive the call of an un-gagged mouth?

Mermaids' bodies are rolled by the surf in summer.
Their wailing comes and goes to the rhythm of tides
Obedient, they comply with the rules and the rites
I feel the wind's fingers dishevelling my hair,
Behold my body's growth bent by the dancing air
But my mouth is haunted, out of reach of the storm,
By a song, unconcerned.

30 May 1970

CHANT DE LA SIRENE 7

Comme déferle la vague et son escorte d'écumes,
Un piaillement d'oiseaux de mer l'accompagne
Et le grondement des rochers qui leur répondent,
Mais au dessous sonne obstinée la basse
D'un chant qui dit que la lenteur du pays pousse
Et fait germer les rochers et les coquillages.

Sur le fleuve du sang filent des migrations sauvages
La source coule aux lacs assourdis de brumes.
Le sang qui dort connaît le sang qui fuit.
Quels éblouissements explosent sous les paupières
Lorsque les pressent des paumes ignorantes
Et l'appel d'une bouche nue?

Les vagues de l'été roulent des corps de sirènes.
Leurs plaintes battent au rythme des marées.
Obéissantes elles savent la loi et les rites
Je sens les doigts du vent dans ma chevelure
Et contemple grandir mon corps que la danse noue,
Mais dans ma bouche que n'atteint pas la tempête
Habite un chant indifférent.

30 mai 1970

MERMAID'S SONG 8

Of the rock, seaweed, gale and flood
I am the foam - I am the blood,
And the song enthralling my being.

The flight freezing my silhouette
Weaves my days, raises my breast,
Shapes my cry to haunting wailing.

I should be under your fingers -
Salt in the morn, soaring later-
On the bole, dark rose for grafting.

24th March 1978

CHANTS DE LA SIRENE 8

Du rocher, de l'algue, du vent,
Je suis écume - je suis sang
Et chant qui moi-même m'enchante.

Le vol qui fige mes contours
Darde mes seins, tresse mes jours,
Façonne le cri qui me hante

Et je serais entre tes doigts -
Sel des matins, envol parfois -
Ce rosier noir qu'aux fûts on ente.

24 mai 1978

MERMAID'S SONG 9

Dreamy. If her forehead leans on her fist and clouds
And if a surge of blood through her parched throat crowds,
Seaming her dream with webs of wings, dawning the nights
With so strong a perfume that, absent, it delights
Her nose, a promise that, unaware, she divines
Fills her as would the flasks the concealed dark wines.

31t May 1978

CHANT DE LA SIRENE 9

Rêveuse. Si le front pèse au poing et se noue,
Une houle de sang enfle la gorge crue,
Ourle au songe un treillis d'ailes, aube le soir
D'un tel parfum qu'absent il enfle la narine
Et la promesse qu'elle ignorante, devine
L'emplit comme une gourde où se cache un vin noir.

31 mai 1978

HUNGARY TWENTY YEARS AFTER - 1958 (First Part)

Where blood flowered, how could a stream of roses flow?
A song sought for a mouth but found a grave instead.
Plain, sleep! History rests under your fields, although
You had exposed their lie and had torn it to shreds.

The sky is still aglow where volleys were flaming.
May hope renounce? How could the mighty surge subside
That caused the idol to stagger and bells to ring.
Dawn to come tomorrow - Could it be that you died?

An appearance of peace has pervaded the vines.
The black roofs still exist that the poet extolled.
The dream is still gleaming deep in the young girl's eyes
But her brow for strangers is an impassive wall.

Blood stained gipsies. Fighters. Slow rows of fugitives
That proceeded by nights full of snow and rancour.
The joyful trumpets in our songs are deceptive
Since even hope in God left you so disheartened.

There is no destiny you wouldn't call a lure.
There is no town but seems to have passed for ever,
As everywhere frozen stands the powerless hour
Along the haughty banks of the Danube river.

HONGRIE VINGT ANS APRES - 1958 (Première partie)

Où le sang a fleuri peut-il couler des roses?
Le chant cherche une bouche et découvre un tombeau.
Plaine, dors. Sous les blés l'histoire se repose.
Vous aviez arraché le mensonge en lambeaux.

Les jours ne sont pas morts où flambaient les mitrailles.
L'espoir peut-il mourir? Peut-il mourir l'essor
Qui disloque l'idole, éveille les sonnailles
Et fait l'aube flamber sur un lendemain - mort?

Un visage de paix sur les vignes se lève.
Les toits noirs sont toujours qu'un poète chanta.
La fille au fond des yeux laisse briller son rêve,
Mais son front au passant est mur où rien ne bat.

Zingarelli sanglants. Combattants. Files lentes.
Qui fuyiez par la nuit, la neige, les rancoeurs.
Il n'est plus de clairon à nos chants qui ne mente
Puisque l'espoir du ciel a pu broyer les coeurs.

Il n'est plus de destin qui ne s'appelle leurre.
Il n'est plus de cité qui ne s'appelle mort
Puisque se sont figées, impuissantes, les heures
Le long des quais hautains où le Danube dort.

HUNGARY TWENTY YEARS AFTER - 1958 (Second Part)

Above the deep blue lake a swarm of dragonflies
Embroiders the sheet of silence with seams of tulle.
What was a former sea is now green countryside
And ships in the air seem the wells with their long pools.

Blood was not shed in vain. Your fate comes to an end
Which abolished steeples, hamlets, castles and mills,
Dances under the woods, games on the golden sand,
The gaily coloured dressed wedding trains up the hills,

But not the haunting chant that the vanquished murmur
Their beating tambourines, not their elating wines,
Not the lake shore where death has crushed the wanderer,
Not the sunset dwelling over the flowing Theiss.

15th June 1978

HONGRIE VINGT ANS APRES - 1958 (Deuxième partie)

Au lac pesant d'azur un vol de libellules
Brode au drap de silence une lisse de tulle
Où la mer triompha s'étalent les blés verts
Et les puits aux longs bras sont vaisseaux dans les airs.

Le sang ne fut pas vain. Le destin qui s'achève
Abîma le clocher, le village, la grève,
La danse sous les bois, la chasse et le château,
La noce en habits clairs gravissant le coteau,

Non le chant du vaincu, redisant sa hantise,
L'éclat des tambourins, le vin qui brille et grise,
Le vagabond au bord du lac que mort brisa,
Ni le soir s'attardant le long de la Tisza.

15 juin 1978

TO ...

In the rue Saint Denis. In the rue Saint Martin
There is no more midday. There is no more morning.

The former nests of love yield to ram and backhoe
Opening in their walls wide, indented gaps of blue.

No more passers-by hail the morning with their laugh
Basements are deserts lit by the sun in triumph.

In the rue Saint-Denis my dream of you was lost
The walls did not retain it as a chest that burst.

Each day a little more, a desert is spreading.
A name has ceased to sound in the rue Saint Martin.

The days will overcome, then the months, then the hours...
The song of memory was spell. Now it's a lure.

The gargoyle on the wall, calls out and dies, until
The deserted den falls under the hammer drill.

So does, thinner still than this dream, my memory
Of you... As the echo of a short-lived ditty.

19th August 1978

A ...

Dans la rue Saint Denis. Dans la rue Saint Martin.
Il n'est plus de midi. Il n'est plus de matin.

Les toits où fut l'amour croulent sous les volées.
Par de grands pans d'azurs masures dentelées.

Les rires des passants ne sonnent plus l'éveil.
Aux caves triomphent les déserts du soleil.

Dans la rue Saint Denis, j'ai cherché votre rêve.
Les murs n'ont rien gardé comme un coffret qu'on crève.

Un désert chaque jour qui grandit, qui s'éteint.
Le silence d'un nom par la rue Saint Martin.

Les jours vont triompher, puis les mois, puis les heures...
La chanson souvenir est sortilège et leurre.

La chimère qui luit au pan appelle et meurt.
Des hôtels désertés sous le pic des foreurs

Et votre souvenir plus ténu que ce rêve...
Dans la rue a passé l'écho des chansons brèves.

19 août 1978

WHEN FOR SUMMER'S WEDDING *

When for summer's wedding epithalamies rise,
A bird flutters about and chirps on the crushed boughs.
O, white flower bells, toll, repeat my doleful cries!
No more water of love in my gleaming ponds lies,
Nor, but sounds of kisses, faint yesteryear's echoes.

At the yard's farthest end, as if on a dream's shore,
Surfs of tears fringe themselves to hedges of arrows.
The soft and short tune shall be disturbed no more,
Neither by weary noon that the silence abhors,
Nor by night when your glance gradually narrows,

Nor, at sunset time, by the rocks' distraught shadows.

22nd August 1978

AUX NOCES DE L' ETE*

Aux noces de l'été montent les cantilènes.
Un oiseau vole et rit sur les bosquets brisés.
Cloches blanches, tintez, qui redirez mes peines.
L'eau d'amour ne luit plus au bord de mes fontaines.
Ni les échos d'antan, hors des bruits de baisers.

Aux berges du jardin comme aux limes du rêve,
Les larmes qui battront se frangeront de dards
Et n'ébranleront plus la chanson douce et brève,
La lenteur des midis que le silence grève,
La nuit qui lentement triomphe du regard

Ni la grève, glissant sous les couchers hagards.

22 août 1978

THE DOORS *

The doors you push open give a glimpse of the glades
From where thrushes in flocks soar up and fly away
With trills that will always the same message convey.
There is a face hiding behind each aspen blade

And the smile, manifold and unique at a time,
Like one moon reflecting in a thousand wells.
Swept by the rolling as the sea of my years swells,
I repaired to a cove sheltered by a rock line

Bathed in summer light and in motionless blue;
But nothing brings relief from the dream, from the dread.
Wiped by the wind your names, one by one, may well fade,
A memory survives: the haunting fear of you.

31st August 1978

LES PORTES*

Les portes qui en s'ouvrant découvrent des clairières
Laissent échapper des volées de grives
Dont le chant ne connaît qu'un seul message.
Il y a un visage derrière chaque feuille de tremble

Et le sourire multiple et unique
Comme au fond de mille puits une seule lune se mire.
Au roulis infini de mes ans
J'ai gagné l'anse veillée de rochers

Et la lumière immobile de l'été,
Mais rien ne saurait clore l'angoisse ni le songe
Le vent peut balayer un à un vos noms,
Il n'efface pas votre hantise.

31 août 1978

ERASED PATHS

My hand o'er my forehead, my gesture o'er the page
Hint at words that withered, echoes that keep silent.
A horizon fading where used to dawn morning
A flight of silken birds o'er streams flowing no more.
One by one I pick up my pebbles and my tears.
And a face remains closed where fountains used to spring
The outline of a voice gets lost in the distance.

Paths, you must keep silent in the holds of my dreams.
Neither clear underwoods, nor waiting at midday
In silence, nor leaving under Autumn's foghorns
May insert their wedges into my brick-walled shades,
Nor those expected words that I have failed to say.

A slab be laid upon my years which moss shall blur.

29th December 1978

CHEMINS EFFACES

Ni la main sur le front, le geste sur la page
Les mots qui sont fanés, les échos qui se taisent.
Un horizon s'efface où pointait le matin.
Un vol d'oiseaux de soie sur des sources taries.
Un à un recueillir des cailloux et des larmes.
Un visage se clôt où s'ouvraient des fontaines.
Le contour d'une voix qui conduit aux lointains.

Chemins, vous vous tairez dans les soutes des songes
Ni la clarté des bois, ni l'attente aux midis
Muets, ni le départ sous les cornes d'automne,
N'incrusteront leurs coins aux briques de nos rêves,
Ni les mots attendus que nous n'avons pas dits.

La dalle sur nos ans que voileront les mousses.

29 décembre 1978

AN ANGEL*

An angel comes: the sky with his secret merges.

The square is a beach where time as a wave surges.
Shade dug pits and hollows. Hum into tangle curled
Silence dozing among the shut down shop windows.
On the rivage of time a sail is being unfurled.

The song of my years spent sails out...
                                        To which echoes?

14th April 1979

UN ANGE*

Un ange et tout le ciel sur son secret s'abîme.

La place, plage où bat le temps comme une lame.
L'écheveau des rumeurs, l'ombre creusant son puits
Le silence qui dort par les boutiques closes.
Sur la berge du temps une voile qui monte.

La chanson de mes ans cingle.
      Vers quel écho?

14 avril 1979

SIDEREALS

The cactus of stars spreads:
                                    Chasm,
Entangled to ruby spasm,
That's no more glare but an appeal.
Hanging on whims, hanging on squeal
Are both the soaring and balance
Disturbed by twinkles of your glance.
Towards this spot nebulae flow.

Appeal is an uttered echo.

This quartered space turning placid.
And this teeming beneath your lid
What wraith breathed into them life that's everlasting-
Frail and casual luck hanging on loving wind?

28th November 1979

SIDERALES

Le cactus étoilé s'écartèle.
                                    L'abîme
S'enchevêtre rubis et spasmes. Plus le feu
Mais l'appel.
            Suspendus aux caprices, aux cris,
L'équilibre et l'essor qu'ébranlerait un clin
De regard.
            Vers le point cinglent les nébuleuses.

Un appel est l'écho proféré par la voix.

L'espace écartelé qui devient du silence
Et ce fourmillement dont grouille ta paupière,
Quel démon les souffla qui leurs jours perpétue -
Hasard suspendu, frêle, aux souffles de l'amour?

28 novembre 1979

I RETURN*

I return from the land that roads never attain.

The song that broke, the stone over which I stumbled
Where the dusty pilgrim quenched his thirst, the fountain,
The inn where a stranger who had no face mumbled
Of this unexplored, dilapidated land
Far from the shores of time and coves of memory,
These tales of closed times would tell your history
- Relentless weariness making your forehead bend
And riddling through your hands your dreams as they would sand-
Naught is left but rumour and dream of departure,
That rolling waves of sleep endanger and balance
And will be swept away by the wave of silence.

30th November 1979

JE REVIENS*

Je reviens du pays que n'atteignent les routes.

Le chant qui s'est brisé, la borne où le pied butte,
La source où s'abreuva le pèlerin poudreux,
L'auberge où un passant qui n'avait de visage
Te conta ces pays étranges abîmés
Loin des rives du temps, loin du port de mémoire,
Ces contes d'un temps clos qui disaient ton histoire-
Ce lent accablement qui rend pesant le front
Et crible entre tes doigts le sable de tes songes-
Tout n'est plus que rumeur et rêve de départ.
Qu'un roulis de sommeil et menace et balance
Et que balayera la vague du silence.

30 novembre 1979

TABLE HASTILY LAID*

Table hastily laid whilst silence is spreading
Footsteps on cobble stones.
                         Fruit falling from the tree.
Rumour of an orchard, dream of a humming bee
Make a star-shaped crack in rest haunted by springs
And a splinter of bliss over my abyss spins.

The well so long dreamt of.
                       The sand trodden in haste.

I, pilgrim of one night, fathomed flights of eagles,
Chased, overcome by thirst, the fleeting onager,
Stumbled o'er the white stone and the blackened boulder.
Since nothing but sand fills my pouch and my bottles,
On the humblest threshold I beg to have a place.
The sun shall warm the step,
A curled up cat proclaim that wisdom here holds sway,
Like Omphale, weave a jail to keep my pains at bay.

3rd December 1979

LA TABLE EN HATE MISE*

La table en hâte mise et tombe le silence.
Un pas qui retentit.
                    Une pomme qui tombe.
La rumeur du verger et un rêve d'abeille.
Qu'étoile mon repos, obsession des sources.
Qu'un éclat de bonheur tourne sur mon abîme.

Le puits longtemps rêvé.
                Le sable sous les hâtes.

J'ai, pèlerin d'un soir, sondé le vol des aigles,
Poursuivi jusqu'aux soifs la fuite des onagres,
Heurté la pierre blanche et le rocher noirci.
Puisque le sable emplit ma gourde et ma besace,
D'un seuil humble et soumis je demande la place.
Le soleil chauffera la marche,
Le chat lové dira que la sagesse est règle.
Son rouet tissera sa geôle à mon souci.

3 décembre 1979

AGEING BODY*

Your body, mainland that swells and roars over there,
And sends out its doubts, its dreads and its wrinkles,
Filling its mazes of barren chinks and crackles
With tribes whose rumours cause your pallet to shiver.

Your bottomless grave leaks the night that's your sire
Feeding with its velvet your greed for void and gold,
Harnessing and driving your beasts into the fold,
Spreading soothing slumber over the songs of war.

Look at the flaring flame that lights up your visage,
Highlighting the salient and unveiling the sage,
Thundering to heavens from its rocky passage!

Flame! Fire! A chord alike that strikes many others,
Enlighten the temple obstructed with litters
And the god in this shrine, your body, who slumbers!

10 January 1980

CORPS VIEILLISSANT*

Tout ton corps continent houle et gronde là-bas,
Déléguant ses stupeurs, ses effrois et ses rides,
Habillant ses chaos de crevasses arides,
De peuples dont les cris ébranlent ton grabat.

De ton abîme sort la nuit dont tu tombas
Qui comble de velours ta faim d'ordre et de vide,
Impose le harnais à tes fauves, les bride,
Etale le sommeil sur le chant des combats.

Voici monter le feu d'où surgit ton visage:
Il éclaire les pics, il éveille le sage,
Il tonne au coeur du roc qui du ciel est passage.

Flamme! Feu! Tel l'accord éveille les accords,
Illumine le temple obstrué de décors
Et le dieu qui veillait dans son temple - ton corps.

10 janvier 1980

INSTANT*

If the mirrored rose is the instant mirrored,
Which rose does in the rose show and mirror itself?
The echoed sounds within the brain's caverns and shelves
Do not outrank who utters them, as their lord.

The bell clapper lit up by an instant sparkle
Is a moment renewed by space, always the same.
Dance, in your motionless drunkenness, you shall flame
With whirling steps your rest, fettered in its shackles!

A flower is a flower's secret and chase for it.
Your walk is mere repose for the flash that has lit,
Mere remains of a warden benumbed by the rime.

Do you shine on my past or on my days to come?
I don't know, at the gate opening on my mind's home,
If I adore a rose or breathe hurrying time.

12 January 1980

INSTANT*

Si la rose au miroir a reflété l'instant,
Quelle rose en la rose et se mire et révèle?
L'écho d'un chant sonnant aux grottes de cervelle
Pourrait-il éclipser le maître qui le tend?

Une fuite saisie en l'éclair du battant
Est le même moment qu'espace renouvelle.
Ronde sois immobile en ton ivresse et aile
Du tourbillon des pas ton repos impotent.

Le fleur est d'une fleur le secret et la chasse.
Ta marche est un repos pour l'orage qui passe,
Vestige du veilleur englouti dans la glace.

Luis-tu sur mes passés ou sur mes jours montants,
Ignorant au parvis où mon esprit prétend
Si j'adore la rose ou respire le temps ?

12 janvier 1980

OPHIR*

Brother, these caravans come from your inmost being.
Salt and balm silver their dromedaries' nostrils.
Ripples of bells have wrought a net of paths until
You knew of realms beyond the bush and of their kings.
A god reigns over the deserts you dare not haunt
To him the fervent hymns of pious pilgrims mount.

Your demon is not dead whom you meant to ward off.
He has sown in your blood hatred and its offspring
And the fascination has been everlasting
You feel for Ophirs sunk, though unaware thereof.

16th January 1980

Note : Ophir is a port or region mentioned in the Bible, famous for its wealth. King Solomon is supposed to have received a cargo of gold, silver, sandalwood, precious stones, ivory, apes and peacocks from Ophir, every three years.

OPHIR*

Elles viennent de toi, frère, ces caravanes
Dont le sel et le gel argentent les naseaux.
Un friselis de cloche agence des réseaux
Pour t'instruire de rois par delà les savanes.
Un dieu règne aux déserts que tu n'oses hanter.
Vers lui, tous chants debout, montent pèlerinages.

Ton démon n'est pas mort que tu crois enchanter.
Il sème dans ton sang la haine et ses lignages
Et cette obsession dure à travers les âges
D'Ophir ensevelis que tu ne crois porter.

16 janvier 1980

Note: Ophir est un port ou une région dont parle la Bible, qui en vante les richesses. Le roi Salomon est réputé avoir reçu tous les trois ans une cargaison d'or, d'argent de bois de santal, de pierres précieuses, d'ivoire de singes et de paons, en provenance d'Ophir.

TALENT*

This block of gold and night, nugget that never rang
Under misfortune's pick or calamity's crow,
Shall run to gleaming blood, if the demons allow
The sun in its entrails in lofty skies to hang.

It shall to furnaces of death and of hatred
Turn the wild hurricane imparted by its sire
Since there is no helmsman to guide about its ire
When time has come for it to be delivered.

You who presented me with this boundless power,
Did you give me the key to the placid tower
That I might tame the flame and let silence return?

(A child who, though it does it in all innocence,
Compels from a mastiff abject obedience
And affix a wax seal on the bronze of this urn).

20 Januay 1980

TALENT*

Ce bloc d'or et de nuit qui n'a jamais sonné
Sous le pic du malheur, sous le fer de la peine,
Sera sang et lueur si le démon déchaîne
Le pouvoir d'un soleil en ses flancs entonné.

Il rendra l'ouragan par le père donné
En fournaises de mort et en ressauts de haines,
Car pour guider son ire il n'est de capitaine
Lorsque la délivrance à son heure a tonné.

Toi qui m'as de pouvoirs comblé jusqu'à démence,
M'as-tu remis la clef de calme et de clémence
Pour asservir la flamme et museler la voix?

(Comme un enfant qui mène, et qui n'est qu'innocence,
Un mâtin monstrueux sait levant un seul doigt
Mettre un cachet de cire à cette outre d'airain).

20 janvier 1980

MISSING INSPIRATION*

On the shores where the star subsides -or the singer-,
I mirror myself, by loneliness overcome,
But I give up learning how to charm misfortune
Since fraud is gullible and charm a deceiver.

In the odour of sanctity I do not live
Nor of heroism, a defrocked lingo priest
With bombastic flatness, and ego escapist
Who, rather than find rhymes, may quotations retrieve,

Having from hundred books drawn the very substance.
Lie has subjected me to its omnipotence.
So has the delusion that words afford comfort.

To whoever scribbles, aye, a useful report
Which blossoms round the neck of the incensed wreathed one,
And of which vendors of laurels never make fun.

21st January 1980

INSPIRATION DEFAILLANTE*

Aux berges où se tait l'étoile - ou le chanteur-
Je me mire étouffant de trop de solitude
Mais de charmer les maux je renonce à l'étude
Car la fraude est candide et le charme menteur.

De saint, ni de héros je ne suis en senteur.
Tel défroqué des dits, bombant sa platitude,
Des Bastille du moi, débonnaire Latude,
Des rimes peu hanté, mais des livres hanteur,

Ayant de cent bouquins extrait la quintessence,
Le mensonge me tient sous sa toute puissance
Et cette illusion qu'un mot chasse les maux-

Salutaire leçon qui nourrit les grimauds,
Epanouit le cou du lauré qu'on encense
Et que ne raillent point les vendeurs de rameaux.

21 Janvier 1980

EBB

Around the burnt forest: railings made of branches.
A stone marks where to stop, clear of the disaster.
But there is no return and I must go further
As I heard a roe growl among the white trenches.
Tomorrow, an echo you hear, to you well-known,
That, when the fire has gone out, is sure to dawn...

I've picked a future on the fringe of the wasteland.
Not the shout of a word,
                        the babbling of a spring.

Skies frozen in absence I miss every morning.

19th November 1982

REFLUX

Au déclin des forêts une grille de branches
Un caillou marquera la halte et le désastre,
Mais plus outre j'irai. Les pas n'ont pas d'adieu.
Un chevreuil a feulé parmi les festes blanches
Demain est cet écho qu'on connaît, qu'on écoute.
L'aube se lèvera quand s'éteindra le feu.

J'ai cueilli l'avenir aux lisières des brandes,
Mais non l'éclat d'un mot
                l'écho de la fontaine.

Le gel d'un ciel absent obsède mes matins.

19 novembre 1982

MIDNIGHT*

Midnight constellations tumble.
Awaking dawns, out of joint, squeak.
A slipping,
                tripping foot
                              stumbles.
And echoes weave an endless shriek.
Over chasms a gleam, dizzy.
But when thinking in blood is drowned,
Hoarse drones the horn of lunacy.

26th November 1982

A MINUIT *

A minuit lorsque les constellations s'abîment
Les aubes craquent où s'articulent les éveils.
Un pas qui glisse.
                    Un pas qui bute.
                                      Un pas qui tombe.
Des échos tissent une chanson interminable.
A flanc d'abîme une lueur en forme de vertige.
Mais lorsque la pensée est ensevelie dans le sang
Bourdonne la trompe rauque de la démence.

26 novembre 1982

LEAVES ARE LIES

The tree stumps teem with larvae.
A song that the slow saps convey
Reflects the image of the springtime to come.
Short-lived ecstasies are the flights that they release,
Roosts for butterflies to fly from.

We're no beggars of joy along the roads of dawn
Clad in frocks of saffron and with our hair cut short.
But though haunted by night, we wear a flaring gown
The rose and its fragrance are the same otherworld.

Dilapidated fall makes up our fancy dress.
On evening's vine branches it hoists flags torn to shreds.
The arbours are buzzing with wasps and drunk sageness.
Hark in the distance songs of transient shepherds!

Under the stone of dream the word is hid away.
Within the maze of tracks the steps have gone astray.

19th January 1983

LES FEUILLES SONT DES MENSONGES

Au coeur des souches grouille un noyau de larves
Une chanson se meut au fil des sèves
Où le printemps reflète son image
Mais les vols libérés sont des extases brèves-
Perchoirs aux vols des papillons.

Nous n'avons pas quêté la joie aux routes d'aube
Sous la robe de souffre et sous le crâne ras.
Mais si la nuit nous hante, flamme est notre robe.
La rose et le parfum sont un même au-delà.

Un automne brisé costume nos visages.
Sur la treille du soir il hisse ses haillons.
Les tonnelles de guêpes vibrent, et de sages.
Au loin montent les chants des bergers de passage.

Sous la pierre du songe est caché le message.
Les pas se sont perdus au hasard des layons.

19 janvier 1983

THE PINDAYA CAVES

They wait. The god who dwells in them is sleeping sound.
Dashing splendours in wait underneath the mountain
Witness to bygone times. What matter if the mound
Of slime and the bowels of the earth gold retain?
Sleep and death. Fluttering bats enliven overwhelming silence.
The beam could not carve out the smile nor the sentence.
Which god did from your night summon these flocks for help?
For, would he have returned, were there no pilgrims left,
To the caves of Pindaya?

A gong let loose the pack of a sleeping party:
The cats, the reddish fish, the bald-headed vulture,
May have locked in this world of slumbering beauty,
But not the flaming moor, but not, beyond the doors,
The gods hoarded by night, by terror and pardon.
No star gleams on their maze, but water oozes down
Steps cut in the rock and mirrors dream and gold deep
In the caves of Pindaya.

21st February 1983

Note : The Pindaya Caves (Myanmar, Burma) are limestone caves famous for the 9000 Buddha statues which have been put there over centuries.

LES GROTTES DE PINDAYA

Ils attendent. Le dieu qui les habite dort.
Un éclat de splendeur guette sous la montagne,
Atteste un temps. Mais qu'importe si revêt l'or,
La boue et le boyau de nuit. Sommeil et mort.
Un vol de chauves-souris anime un silence qui gagne.
Le faisceau n'a pas découpé le sourire ni le discours.
Quel dieu hèle au fond de ta nuit les fidèles à son secours?
Car s'il n'était de pèlerins, il ne serait pas de retour
Dans les grottes de Pindaya.

Un gong a déchaîné la meute du sommeil.
Le chat, le vautour chauve et le poisson vermeil
Ont verrouillé le monde où gît la beauté morte,
Mais non la lande aux feux, mais non outre la porte
Les dieux qu'enterrent la nuit, la terreur et le pardon.
Nulle étoile en leur chaos, mais le roc suintant au long
Des marches, et le reflet du rêve et de l'or profond
Dans les grottes de Pindaya.

21 février 1983

Note: les grottes de Pindaya (Myanmar, Birmanie) sont des grottes calcaires fameuses pour les 9000 statues du Bouddha qu'elles abritent, statues déposées là au cours des siècles.

BRIEF ENCOUNTER

A collision of stars and of muzzled eddies.
Suddenly silence so heavy.
There were but two desires,
From time immemorial beholding each other,
Wordless.

There were but a twofold silence.

Like the crop that after the storm stands up again,
In hallucinated rooms where the paintings blazed,
I have searched for the sign and for the remedy.

20 January 1985

RENCONTRE

Un choc d'astres et tourbillons muselés.
Le silence brusquement si pesant,
Il n'y eut plus que deux désirs
Par delà des éternités se contemplant
Sans mot dire.

Il n'y eut plus que deux silences.

Et comme après la foudre se relèvent les moissons,
Par les salles hallucinées où flamboyaient les tableaux
Nous avons cherché le signe et le remède.

20 janvier 1985

WINGED PONDEROUSNESS

As if you were atop breathtakingly high stairs
With birds portents of peace and of plains, over there,
You hoped the years would dig a grave for you to rest
But they did not bring you the expected sageness.
They had in store this stone with words you won't construe,
Cool, soothing the endless fever consuming you.

15th January 1986

LE POIDS QUI M' AILE

Comme au sommet des escaliers vertigineux,
Les oiseaux te parlent de paix et de plaines,
Les ans qui t'ont creusé le suaire du repos
Ne t'apporteront pas la sagesse,
Mais ce caillou dont le message t'est étranger
Et dont le froid dissipe ton inextinguible fièvre.

15 janvier 1986

SOOTHSAYING *

Neither soaring that was broken
Nor gold aglow in dream's caverns.
Look, as you may, your hand's hollow
Hides neither spell
                        nor intaglio:
Only a pool of night, of peace,
A web where lines and fates are mixed,
Whirling vertigo seizing you.
Of which when all's at peace again,
Sheer blinking of stars shall remain..

16 th January 1986

BONNE AVENTURE *

Ni vols brisés
Ni l'or de braise au fond des cavernes du songe.
Si tu regardes au fond de ta main
Tu ne trouveras ni le grimoire secret,
Ni la pierre entaillée,
Mais une flaque de nuit et de paix,
Un rayonnement de lignes et de destins
Un vertige qui te saisit dans son tourbillon
Et lorsque tout se sera apaisé
Une scintillation d'étoiles.

16 janvier 1986

THE HEART *

Heart that has beaten for so long
Bygone years have failed to tame you...
In spite of unleashed winds, feasts, echoes.
While in my holds unswervingly
Heaps up the gravel of the night.

18th January 1986

LE COEUR *

Le coeur qui depuis si longtemps bat,
Les ans n'ont pu l'apprivoiser...
Vents dénoués, fêtes, échos.
Et dans mes cales sourdement
S'accumulent les sables de nuit.

18 janvier 1986

CHARIOTEER *

Charioteer.
                    Scenes of treks looming up in your nights.
Smells of rooms that are, as it were, the ghosts of them.
Vertigo coming from the long-abolished heights.
High plateaus harassed by unrelenting rain.
Strange peace floating about above stagnant water.
Fear of the summer woods you dare no more enter
And the diverging star of the years that you spent.
All these things you hold in your hand
        As if they were so many reins.

19th January 1986

AURIGE *

Aurige.
Ces visions pèlerines surgies de tes nuits.
Ces odeurs qui sont des fantômes de pièces.
Ces vertiges venus de cimes abolies
Ces zones plates où s'acharne la pluie
L'étrange paix flottant sur des étangs morts.
L'effroi du bois d'été où tu ne t'aventures plus
Et l'étoile divergente de tes années
Entre tes mains-
      Comme des rênes.

19 janvier 1986

VERTIGO *

Hands clutching tensely the cliff's vertigo.
Panting of the rope party you don't see,
Stones tumbling down where glance doesn't follow,
Breath from the bird's wing startled suddenly.
Twirl causing to sway even memory.

When stiff fingers are near to letting go
The axe, firmly fixed in the dazzling ice,
The WORD, the purpose of your quest, will show.

19th January 1986

VERTIGE *

Des mains au flanc des falaises vertiges.
Le halètement du compagnon qu'on ne voit pas;
Un choc de blocs chus où l'oeil ne s'aventure.
Un souffle d'aile de l'oiseau qu'on a éveillé.
Un tourbillon dont vacille le souvenir.

Et lorsque les doigts gourds vont lâcher le piolet,
Figé dans une glace qui est lumière,
Le **MOT** dont tu poursuivais la conquête.

19 janvier 1986

YOUR MORNING *

Foundering horizon and spindrift in the wind
At the crossroads of times, at the fringes of sums,
When voices rise and when the song is taking form,
When the word turns to sound and the step turns to dance,
When sands you thought were safe tell their incandescence
When, tearing himself from sleep, emerges from mist
The unknown one who dwelt in your innermost midst,

It will be your morning and it will bear your name.

24th January 1986

TON MATIN *

L'horizon qui s'abat et les embruns du vent
Au carrefour des temps, aux lisières des sommes,
Quand se lèvent des voix, quand s'ébauche le chant,
Quand le mot devient son, quand le pas devient danse,
Quand le sable connu dit son incandescence,
Quand s'arrache au sommeil, quand s'extirpe des brumes
L'inconnu qui hantait ton domaine profond-

Ce sera ton matin qui portera ton nom.

24 janvier 1986

THE END *

Will this heart that never refrained
From beating for lies and fancies
Give up its stubborn melodies
When its dream has come to an end?

Will it throw away like rubbish
Its firm refusal of living?
And will it accept to give in
When the book is at the finish?

Or, reader whose zeal won't abate,
Wanderer whom no brook may stop,
Will it read on, beyond the ford,
The page where no "end" lies in wait?

27th January 1986

LA FIN *

Ce coeur qui n'a jamais battu
Que pour chimères et mensonges
Cessera-t-il son chant têtu
Lorsqu'il sera à bout de songe?

Jettera-t-il aux oripeaux
D'avoir toujours refusé vivre?
Acceptera-t-il le repos
Lorsque s'achèvera le livre?

Ou bien, lecteur infatigué
Et marcheur que nul ru n'arrête,
Poursuivra-t-il outre le gué,
La page où nul mot "fin" ne guette?

27 janvier 1986

WAN FACE OF THE MOON*

Wan face of the moon, cold and bare.
Along crossroads shreds of snow gleam
And this awe lurking in my dream.

I'll proceed as far as the springs
Where, a tattered song, the cry sings.

27th January 1986

FACE PALE DE LALUNE *

Face pâle de la lune, froide nue.
Des lueurs de neige aux carrefours de routes
Et cette terreur qui dort au fond de mes rêves.

J'avancerai jusqu'à la limite des sources
Où le cri se revêt des oripeaux du chant.

27 janvier 1986

ALMSGIVING

My gift was once a coin to buy wheat and power,
Philtre that caravans carried to trade afar,
Gold hand to enforce the Prince's rule and order,
An invisible, yet ever haunting splendour.
May it help you to your mouthful of pure water,
To the oatmeal unstuck from the dark oven's tar,
And, when the granaries and lofts are left empty,
To fancy that you still have your own property.
Once, the gates will give way under the battering rams,
Driven by whips and hits, depart the crying lambs.
My gift will lie on the castle's reeking remains
In wait of a dawn whose return is uncertain.

19th July 1986

L' AUMONE

Mon don, cette médaille qui fut blé, pouvoir,
Philtre que charriaient au loin les caravanes,
La main du prince toujours présente à travers l'or,
Une splendeur invisible et jamais éclipsée,
Puisses-tu par elle obtenir la gorgée d'eau pure,
La galette détachée du four ténébreux,
Et lorsque seront vides les greniers et les silos,
L'illusion de posséder quelque chose.
Puis les portes céderont sous les béliers,
Des files de pleurs s'éloigneront sous les fouets
Et mon don croupira sur les débris du palais calciné
Attendant une aurore incertaine.

19 juillet 1986

NIGHT

I had devised a night
More starry than this world
Where would surge and would merge
Worlds that don't fear to die.

Stars one by one went dark
And so did all my hopes
On the grill of my days.

If I want to recall the splendour of this night
It's easy: I just have to close my eyes and dive
Right down to the bottom of my haunting despair.

19th July 1986

NUIT

J'avais inventé une nuit
Peuplée de plus d'étoiles que ce monde
Et d'où devaient sans cesse surgir et s'abîmer
Les univers que nulle mort ne menace.

Les étoiles une à une se sont éteintes
Et mes espérances éclipsées
Dans la poêle brûlante de mes jours.

Si je veux retrouver la splendeur de la nuit
Il me suffit de fermer les yeux et de plonger
Au fond de ce désespoir qui m'habite.

19 juillet 1986

THE ASSAULT

Not far from the Dragon's gate at last the Prince fell.
His head hoisted atop the pikes is triumphant
As his eyes from which fell the scales behold "his" town.
Well did I know both of the rule and the chasm,
Of the song which rises when times of woe has come,
Of the barge that's bent on fancying its own main.
But of my deep secrets I shall say nothing more.
In the book of my days many a word was penned.
But the one I'm missing I have failed to retrieve.
If I felt the urge to repair on lofty quests,
This shortcoming only may account for it.

21st July 1986

L' ASSAUT

Le Prince est tombé près de la porte du Dragon.
Sa tête hissée au sommet des piques triomphe
Et ses yeux dessillés contemplent "sa" ville.
J'ai su ce qu'est la règle et l'abîme,
Le chant qui ne monte qu'aux heures funèbres,
La barque qui se fabrique son océan,
Mais je ne conterai plus mes secrets.
Sur le vélin de mes jours, bien des propos furent inscrits.
Le seul mot que je cherche y manque.
Si je connus la soif et la grandeur de la quête
Cette seule ignorance en est la cause.

21 juillet 1986

THE BROKEN BEGGAR'S BOWL

Never in life otherwise fed
Than on transient pity's bread;
Frost gnawing at your swaying bones;
Rags that your nudity won't hide;
Possessed by ulcer and by lice...
Yet, if surges barbarity,
You won't be saved by poverty.
Arrogant paupers, what's the use
Of your bragging of this confused
Life time that was all spent in vain,
Failing an earthly wealth to gain?

21st July 1986

L' ECUELLE BRISEE

Il mendia toute sa vie
le croûton jeté par pitié.
Le froid rongea ses os qui ne le portaient plus,
Les haillons qui ne cachaient plus sa nudité.
L'ulcère et les poux installèrent leurs empires...
Et toutefois quand les barbares surgiront,
Sa misère ne le sauvera pas.
Pauvres et arrogants, que vous sert-il
de paonner?
Inutile la vie qui ne sut
amasser l'obole.

21 janvier 1986

THE UNFINISHED WORD *

Was the unfinished word
But a mouth, but a lip,
A breath able to keep its own echo captive?
Now fires as recondite as our rites, smouldering,
Of proud apotheosis are the current ending.
Others may gibe their fill at my spells of silence.
For I know only half of the cryptic sentence.
The rest of the parchment lies in the realm of death.

21st July 1986

LE MOT INACHEVE *

Le mot inachevé.
Fut-il seulement une bouche, une lèvre,
Capable de retenir son écho?
A présent que s'achèvent les apothéoses
En incendies plus secrets que nos rites.
D'autres pourront gloser sur mes silences.
Je ne possède que la moitié du message.
Le reste du papier tu le trouveras chez les morts.

21 juillet 1986

FOREST

O glittering gleams of puddles that fade!
O ever renewed chord of the cuckoo!
O anxiety to enquire where to
Lead me all these paths, immersed in shade,
You drag me as would donkey drivers do!

Night of the high woods that no sun may pierce,
Engulf me alive, ogre dark and fierce,
Your showers of shade shall wash off my tears.

4th August 1986

FORET

Le brasillement des fleuves et des fontaines,
L'accord jamais résolu des coucous
Et cette obsession de savoir jusqu'où
Vont les sentes qui d'ombre sont pleines
Et m'entraînent comme l'âne par son licou.

Nuit des grands bois que le soleil jamais ne perce.
Enseveli vivant par son obscure averse,
Un ventre qui nous engloutit et qui me berce.

4 août 1986

HEAT WAVE

Blocks of embers, weighing both on towns and countries,
Radiate happiness, adventures, melodies
Which are given rhythm by starlit savannahs.

In brooks that have run dry, there are no more women
Bathing naked as if they had no sense of shame.
Where they went is part of my secret arcana.

In the heat of a pub two bearded gentlemen
Whose sweat drips on glasses full of beer to the brim,
Try to cool the blaze with puffs on their havanas.

4th August 1986

CANICULE

Des blocs de braise sur les épaules des champs
Rayonnent le bonheur, l'aventure, les chants
Que rythment, par les soirs étoilés, les savanes.

Dans les ruisseaux taris ne se baignent plus nues
Les passantes, d'outre-raison un soir venues.
Elles ont regagné mes lentes caravanes.

Aux touffeurs du café deux vieux messieurs barbus
Arrosant de sueurs les bocks qu'ils n'ont pas bus
Croient apaiser le feu, par l'odeur des havanes.

4 août 1986

WINDOW FLOWERS

Sentries on the threshold of chaos and of night,
Yet poised on hollow sills wherein your growth is kept
So that your bursting out becomes theatre set
Made of red, golden, mauve velvet gargoyles that might
Pour out the subdued and sad anthem of your feasts,

And if humming of bees and perfumes are your speech
I'll manage to find the false words with which to preach
And the mouth that you strive both to lure and to teach,
Translators of the hidden god, full of deceit.

31st August 1986

FLEURS

Gardes au seuil du chaos et de la nuit
Mais équilibres, vos bacs limitent l'essor
Et disposent vos éclosions en décors
Rouges ou d'or, ou velours mauves d'où fuit
Le chant sourd et triste de vos fêtes,

Et si vous parlez par guêpes et senteurs
Je saurai bien retrouver les mots menteurs
Et la bouche que vous leurrez, traducteurs
Infidèles du secret prophète.

31 août 1986

ON THE FRINGE OF SLEEP

Sentries-
          who are on watch, half phantoms and half fires
But who will be blown out by a mere puff of soul,
You are a translucent and flowing crowd inspired
By my own declining watchfulness, as I have
Abandoned my post in the trenches of the light.
Do you relieve me in the faithless wood where looms
The pack that was watered in swamps of oblivion
And waits to bring to bay, as some beast, my reason?

2nd September 1986

LISIERES DU SOMMEIL

Sentinelles-
         qui veillez entre fantôme
Et flamme, mais qu'un souffle d'âme éteint,
Foule transparente qui coulez et qu'allume
Le déclin de mes vigilances, ayant
Abandonné le guet sur les tranchées de la lumière,
Me relevez-vous sur le bois sournois où surgit
La meute qui boit aux marécages d'oubli
Et qui guette ma raison comme une bête?

2 septembre 1986

MIRROR

Double engulfing and spewing me, bottomless
Abyss where all that's flesh and bone and weight merges
To this diurnal being of daylight in a frame
That apes whatever lives, though deader than the dead.
Swimming wraith in a shoreless bath of tin, ahead
Of a void impressing the eyelid, all the same.

Echo, if may colour and line be called echo,
A corridor leading through crystal maze up to
The banquet whence came back the spectre of Banquo.

3d September 1986

MIROIR

Double qui m'engloutis et redonnes, profond
Abîme où ce qui fut chair et pesanteur fond
En cet être de jour qui n'a que la lumière,
Qui mime le vivant et plus mort que le mort
Est fantôme nageur du tain sans rive, au bord
D'un néant qui pourtant imprime la paupière.

Echo si la couleur, la ligne sont échos!
Corridors qui menez par le cristal jusqu'au
Banquet d'où revenait le spectre de Banco.

3 septembre 1986

LISTENING TO SILENCE

Burying and shrouding. Snows of the human mind.
What relentless skies do those flakes of silence send?
What winters to which there is no outset nor end?
What deeply burrowed age luring and binding me
To its yoke, clothing me in eternal folly?

From the gap between two half-opened lips, a voice.
From two bodies entangled in desire, a cross.
From the void into which the mind ventures, a law.
Such are the sparks that two colliding follies throw.

10th September 1986

ECOUTE DU SILENCE

Neiges de la pensée, ensevelissement,
De quels ciels incessants ces flocons de silence
Tombent, de quels hivers qui n'ont commencement
Ni terme, de quel âge enfoui qui ne ment
Et me joue et me vêt éternelle démence?

Du vide qu'entrouvrent deux lèvres, une voix,
De deux corps qu'un désir enchevêtre, une croix.
De l'abîme où l'esprit s'aventure, une loi.
L'étincelle jaillit du choc de deux démences.

10 septembre 1986

STEPS IN THE AIR

Mount the day's stairs: up there the cry yields to silence.
The buried voice echoes sounds that will not construe.
I don't know in whose mouth they found first utterance
Nor from which source to draw all the words I owe you.

What's left of time is made up of frost and cinder
I carve my jewels out of far more recondite ores,
Jeweller of the void, but hard steel is softer
Than this dreamer's breathing that blunts the sharpest swords.

I'm seized by vertigo where my chessman ventures
Though I am aware of steps, gate and shibboleth
If song becomes subdued and elation demurs
The pyre shall consume both the philtre and the wreath.

29th September 1986

DEGRES DE L' AIR

Monte au sommet du jour où le cri fait silence.
La voix ensevelie est l'écho d'outre voix
Je ne connais la bouche où le verbe commence
Ni la source où puiser les mots que je te dois.

Ce qui reste du temps est de givre et de cendre.
Je taille mes bijoux en plus secrets métaux
Joaillier du néant, mais l'acier est plus tendre
Que ce souffle rêvé qui brise les couteaux.

Le vertige me prend où mon fou s'aventure.
Je connais les degrés et la porte et le mot,
Mais si le chant se tait, si la fête ne dure,
Le feu consumera le philtre et le rameau.

29 septembre 1986

HIROSHIMA

The sky was transparent like innocence
The uniformed schoolgirls laughed
On the sunlight bathed lawns.

Laugh had spouted from throats suddenly departed
In a rumble louder than ten thousand suns

Happiness spread out its wide layer of hope
Flowers burst out in this autumnal afternoon
In this public garden, here, in Hiroshima.

Children rattled their laugh and giggle all around
The remnant ruin that was witness to the furnace,
But in the appeased sky of Hiroshima town
The shadow of the crime cried for another sun.

6th November 1986

HIROSHIMA

Le ciel était limpide comme l'innocence
Les écolières en uniforme riaient
Sur les pelouses inondées de soleil.

Le rire sortait de gorges disparues
Dans un grondement plus fort que dix mille soleils

Le bonheur étalait sa nappe d'espoir
Les fleurs explosaient par cet après-midi d'automne
Dans le jardin d'Hiroshima.

Les enfants secouaient leurs rires autour
De la ruine qui avait vu la fournaises.
Mais dans le ciel réconcilié d'Hiroshima
L'ombre du crime appelait un autre soleil.

6 novembre 1986

MIRACLE GARDENS

Crystal. Arrayed opals. Gems translucent and shrill-
Silence by frozen ponds exhaled. Ever ahead
As a harsh and straight line the distance vanishes.
Trees are clad in glorious frost which does not kill
Them but turns to statue whatever it seizes,

A Gorgon that may turn to stone her mirrored dread.

Flower beds unrolling as I walk, assuming
The appearance of my flawless, soundest slumber.
In almost steely blue my horizons are drawn.
What desire doesn't reach, regrets still remember.
And this frozen sun is like everlasting dawn,

A flight of memories that comes to roost nowhere.

3d January 1987

JARDINS MIRACULEUX

Cristal. Opées dressées. Transparences aiguës-
Et ce silence au fond des glaces. Dur et droit,
Mais toujours plus avant, un lointain qui s'efface.
L'arbre vêtu du froid radieux qui ne tue
Mais, pareil aux statues, fige ceux qu'il embrasse,

Gorgone qui mirée engourdit son effroi.

Des parterres qui se déroulent et qui prennent
L'apparence de mes sommeils incorrompus.
D'un bleu presque d'acier mes lointains se colorent
Où le désir n'atteint, les regrets se souviennent.
Ce soleil gelé semble une éternelle aurore.

Un vol de souvenirs qui ne se pose plus.

3 janvier 1987

FIRESTONES

Shepherds of the dead who graze my hours of silence,
Guardian of the dead who guide my whiles of absence,
When a jet-black sun sets scintillating with nights,
A song will on the shore end where the marsh begins,
A star will be blown out when the gust of wind glints.

10th January 1987

Awaiting, foreboding, you're the night's stay and beam.
The harder the core is, the deeper is the gleam.
Yet to wait means to be on the watch in darkness.
The word is like a glance awaking a mistress.
And I call for that love smouldering in the dark

A hit
        and, lighting up chasms of night, a spark.

10th January 1987

SILEX

Bergères des morts vous paissez mes silences
Pasteur des défunts vous guidez mes absences.
Un soleil de jais étincelle de nuits.
La chanson s'achève où le marais commence.
L'étoile s'éteint quand la rafale luit.

10 janvier 1987

Carcasses de nuits, attentes et pressentiments.
Plus dur le coeur et plus profonde la lueur.
Mais l'attente est guet loin des étoiles.
Le mot est comme le regard qui réveille l'amant
J'appelle cet amour qui veille aux profondeurs

Un choc,
        Et de l'abîme de nuit l'étincelle.

10 janvier 1987

To peaks that I despise, hark, this horn is hailing.
Have I enough of fear to devise space and way?
Have I enough of dawn to spread out a wing?
Have I enough of blood to ape the bird of prey?
I know the way to go but don't know the abyss.

Your well will be as deep as reaches down the hiss.

10th January 1987

In void, whereon I bend, a face is reflected.
I ask a mere echo whose voice I never knew.
Could it hit a threshold when no shore existed,
Nor masts sagging under the sails and no bulwarks,
If thunderstruck, discarded gods who were at work
In my early years, chose void for me to go through?

11th January 1987

Call for scintillations and prescience thereof,
Sun, brother-jewel who both calls me and rebukes me,
In engulfing wherein remains my hushed up gloss,
Am I subject to law, shall I to fire rally?
Stainless coal, celebrate in dazzling lucency,
Broken up by the pick, my stubborn mystery.

11th January 1987

Aux pics que j'enfouis, cette corne me hèle.
Aurai-je assez de peurs pour inventer l'espace?
Aurai-je assez d'aurore où déployer une aile?
Aurai-je assez de sang pour me grimer rapace?
Si je sais le chemin, j'ignore encore l'abîme.

Tu connaîtras ton puits aux profondeurs du chant.

10 janvier 1987

Sur le vide penché qui reflète un visage
J'interroge un écho, mais j'ignore la voix.
Peut-il être un confin s'il n'est pas de rivage,
Ni de huniers croulants de voiles, ni pavois,
Si les dieux foudroyés qui hantèrent mon âge
Ont le vide imposé pour mon pèlerinage?

11 janvier 1987

De scintillations appel et prescience,
Soleil, frère joyau qui m'appelles, me tances,
En l'engloutissement où gît mon éclat tu,
Suis-je sujet des lois, du feu suis-je complice?
Charbon incorrompu, qu'en clartés s'accomplisse
Par le pic arraché mon mystère têtu.

11 janvier 1987

Grain-

        flow, braving my rules, laugh aware of your fault,
Though to your pond there are no shores but set by thought.
But the confining cold, far from easing your flesh,
-A hand clinching your song -, insinuates itself,
Frost able to retain even the winter's sun.

11th January 1987

Buried where it was seized by night and guileful rest.
But how could it know of a sun hailing it and
Roaming as do the ever sparkling stars? Diamond
Incorrupt, flawless gem, that anguish still may crack
And the luminous call of impending mishap.

Such is the brand, the grain lying in my recess.

20th January 1987

Grain-
      coule et de mes lois ris qui tu sais fautive
Bien que de ton étang le penser soit la rive.
Mais le froid qui te scelle où flotteraient tes chairs
Insinue - et la main rive ta chanson vive-
Gel où se figera le soleil de l'hiver.

11 janvier 1987

Enfouie où la tient la nuit et le repos
Sournois. Mais saurait-il qu'un soleil qui le hèle
Rôde, et l'étincellement des astres?
Diamant incorrompu qu'une angoisse fêle
Et l'appel lumineux d'un désastre.

Braise ou graine qui habite mes caveaux.

20 janvier 1987

Those wraiths you chose to call your words,
Are possessed by a void which weighs on you.
Echo, you resound of the same hits
And you mean to hide echoes within you.
But the mist flees you want to grasp
And naught shall bring back avowal
Of your numberless deviations.

26th January 1987

The words would dry, exhausted birds -
Decay whose compost shall restore
Withered foliage, surging April.
But which rising echo answers
From the well never running dry
Of my relentless memory?

3rd March 1987

Ces ombres que tu appelles des mots,
Le vide qui les habites te pèse.
Echo tu résonnes aux mêmes chocs
Et tu crois abriter des échos.
Mais la brume se dissipe entre tes doigts
Et rien ne ramènera l'aveu
De tes innombrables dérives.

26 janvier 1987

Les paroles sècheraient comme des oiseaux-
Chute dont l'humus ressuscite
Les frondaisons mortes et les avrils renaissants,
Mais quel écho remonte et me répond
Au fond de la fontaine jamais tarie
De ma mémoire?

3 mars 1987

Girl, shudder shall clothe you like a cloak,
The source shall know your side, your night,
But peace shall rest upon your face.
With clouds of lust around your breasts
Sparkle that spurts there-from shall light
Chasms where, broken, you tumble.

And this shall be like a new dawn.

3rd March 1987

Far glacier, unreachable
But hot with chilling expanses
Against which the stars' defences
Are: being, as frost, invisible
And, as winter, transparent gleam.

You fall where reaches you no scream.

3rd March 1987

Le frémissement te vêtira comme un manteau.
La source connaîtra ton flanc et ta nuit.
Mais la paix hantera ton visage.
Aux pics de tes seins les nuages du plaisir
La foudre qui en jaillit éclairera
L'abîme où tu roules, brisée.

Et ce sera comme une nouvelle aurore.

3 mars 1987

Lointaine, glacier, inaccessible, brûlante
De toute la froideur des étendues
Dont les étoiles se défendent
Par l'invisibilité du givre
Et l'étincellement transparent des frimas.

Tu roules où nulle voix ne parvient.

3 mars 1987

Down the chasm a scaring creak.
Bottomless, heavenless vertigo.
Flight that's pursuit -purflight also.
Chaos would engulf my remains
But for lofty unchanging strains
Sung by the star.
4th March 1987

Within any marble, crystal-
Translucence and opacity-
Lurks - core never attainable,
Never broken,
Seed but for which they wouldn't be,
The light

4th March 1987

Drifting along the twigs of days
Where hangs weed called disgust for life,
With coats of bones turning to stone,
Hands clapping their cheer for the word,
Memories leaking through these hands,
And night submerging the summits

And then silence.

4th March 1987

A val d'abîme le craquement et la peur.
Vertige qui n'a de gouffre ni de cieux
Mais une fuite qui est poursuite - ou pourfuite-
Le chaos recueillerait mes débris
Mais très haut, -immuable-,
Chante l'étoile.
4 mars 1987

Au coeur du marbre et du cristal -
De l'opaque et du transparent -
Tapie - et coeur jamais atteint,
Jamais brisé,
Germe sans lequel ils ne seraient,
La lumière

4 mars 1987

Dérive- et aux rameaux des jours
La plante qui s'appelle horreur de vivre,
La gangue des os qui se pétrifient,
Les mains qui battent vers le mot,
L'eau du souvenir entre les doigts,
La nuit qui descend sur les sommets

Puis le silence.

4 mars 1987

Deep in the dusk where, an eddy,
- No soaring or fall, but
A crushing fist, a flesh
That squeals and bursts-
Reigns toughness

Beyond peace and eternities
A song remoter than silence.

10th March 1987

A chasm akin to the peak,
Song is the reflection of cry.
The mirror that -who knows?- you are

And the call that you embody

10th March 1987

The brook of a voice flowing on the moss,
Menacing crystal of a glance,
The appeal that lurks in the summer brush,
Hunting tom-tom beat in the bush -
And above all, those three polished stones
That are gleaming in the moonlight.

13th March 1987

Au coeur de la nuit, où tourbillons,
Ni essor ni chute, mais
Le poing qui broie, la chair
Qui crie et explose.
Le dur.

Par delà la paix et les éternités
Un chant plus lointain que le silence.

10 mars 1987

Le gouffre qui connaît le sommet.
Le chant qui est le reflet du cri.
Le miroir que tu es peut-être

Et cet appel que ton corps a revêtu.

10 mars 1987

Le ruisseau d'une voix qui coule sur la mousse
Le cristal inquiétant d'un regard
L'appel tapi au creux des halliers de l'été
La traque des tam-tam lancinants dans la savane-
Mais plus que tout
Ces trois pierres polies qui luisent sous la lune.

13 mars 1987

THE BLACK DEATH (THEODOR KITTELSEN)

The corpse teems with rats all over.
On the scream don't shut the cover!
Snow and night. Sunshine? Not a bit!
Death roams around. You won't miss it.

A mouth yelling noiselessly,
Stairs leading up to a strange country,
But on which stairs full of dismay
Does this glance come on me to stay?

Hag with your rake, while on your rounds,
Though the wood is soft and profound
What soundless darkness do you sound?

25th March 1987

LA MORT NOIRE (THEODOR KITTELSEN)

Les rats ont recouvert la morte.
Sur le cri ne pose la porte.
Neige et nuit. Nul éclat de jour.
Rôde la mort. A toi le tour.

Une bouche hurle en silence.
L'escalier mène où nul ne pense,
Mais par quel escalier d'effroi
Monte ce regard jusqu'à moi?

Ratisseuse, poursuis ta ronde
Douce est la forêt et profonde.
Mais ces ténèbres sous ta sonde!

25 mars 1987

"Svartedauen" (The Black Death) is a book illustrated by the Norwegian artist, Theodor Severin Kittelsen. It presents the pest disguised as an old woman with a rake and followed by ravens. Kittelsen's influence on certain long footage films by Walt Disney has been documented.

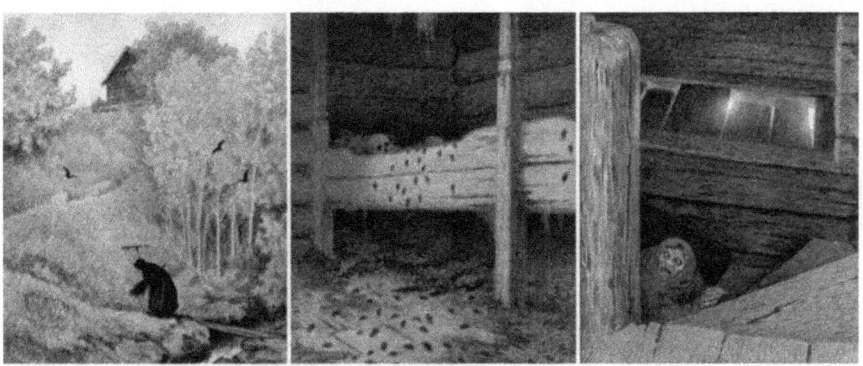

"Svartedauen" (La peste noire) est un livre illustré par le graphiste norvégien, Théodore Séverin Kittelsen. Il représente la peste sous l'aspect d'une vieille femme armée d'un râteau et escortée par des corbeaux. On a pu montrer l'influence de Kittelsen sur certains films de long métrage de Walt Disney.

GRUNEWALD'S ALTARPIECE

Is the nightmare monster who begot the Tarask,
Is that fearsome villain the Saint's covering mask?
Shall the harsh prickly beak hit so hard on the rock
That it may out of it the hiding source unlock?

To rejoice the sweet child that mother's hand clothes
An angel choir preludes under dainty arches
Whose command of the toilsome art of violin
Was passed on to them by no other than Josquin.

In peaceful barren moors under a roof of grass
The old man welcomes the scholar whose work won't pass
Inner silence in them is so strong a discourse
That both of them will scorn to speech to have recourse.

(And blushing by my side, uncontrolled by my brains,
My bashfulness, aching with dull or shooting pains,
At the door where desire beats and pile up years spent,
Made to our beauty struck romance an abrupt end).

18th August 1987

RETABLE DE GRUNEWALD

Le monstre cauchemar enfanta la tarasque.
Le méchant qu'on redoute est-il du saint le masque?
Le bec dur hérissé frappera-t-il si fort
Qu'il fera du rocher surgir la source hors?

Pour que la joie habite en bel enfant qu'on lange,
Sous l'ogive flexible ouvre le choeur des anges
Qui du rebec savant ont appris la leçon
Et de Josquin sans doute on capturé le son.

Dans la paix du désert l'ancien que l'herbe couvre
A reçu le savant qui deviendra le rouvre
Et la science en eux est si puissant discours
Qu'ils dédaignent, sereins, du verbe le secours.

(Et rouge à mes côtés, à mon rêve fugace,
Hantise, dent qui creuse et par moment agace,
Porte où bat le désir, où s'écrasent les ans,
Dans un clair de beauté nous fumes des amants.)

18 août 1987

Note: The Isenheim Altarpiece painted between 1512 and 1516 by Matthias Grünewald –kept in Colmar, France – is among the best examples of late Gothic German art. It is made up of several panels: the ones referred to in the present poem are
The Temptation of Saint Anthony,
The Allegory of Nativity
and Saint Paul's visit to Saint Anthony.

Note: le retable d'Issenheim peint entre 1512 et 1516 par Matthias Grünewald – et conservé au musée Unterlinden à Colmar –compte parmi les plus purs chefs d'œuvre du gothique allemand tardif. Il se compose de plusieurs panneaux ouvrants : ceux décrits dans le présent poème sont :
La Tentation de Saint Antoine,
 l'Allégorie de la nativité
Et la visite de Saint Paul à Saint Antoine

NEITHER MOUTH NOR WIND *

Neither mouth nor wind care for daybreak's arising.
I'm back to the abode where the clock comes to stand.
You won't catch up with my swift flights or slow towing.
Beyond this boundary utter silence begins.
I don't feel any more upon my arm your hand.

The grove over yonder muffles bursts of laughter
But to my throat a lump comes and my lips mutter
And your lacklustre glance is like a fading star.

And kiss remains a gleam, unchallenged and so far!

3d November 1987

LA BOUCHE NI LE VENT *

La bouche ni le vent ne connaissent l'aurore.
J'ai regagné le seuil où l'horloge se tait.
Vous ne rejoindrez plus mes vols ni mes halages
Au delà de ce point commence le silence.
Je ne sentirai plus sur mon bras votre main.

Au delà du bosquet sont des rumeurs de rires,
Mais la gorge se noue et la lèvre se brise.
Votre regard éteint est un coucher d'étoiles.

Nous n'aurons pas bravé la lueur du baiser.

3 novembre 1987

RAUCOUS THE WORDS *

Raucous the words that hit the rocks.
And naught is left but an echo.
And naught is left but a silence.

On sills where memory tumbles,
What mildness persists and trembles?

Our words refused utterance.

In our innermost beings, absence.

Are we tanks of forgetfulness
That time keeps filling, relentless?

6 November 1987

RAUQUES LES MOTS *

Rauques les mots. Après les rocs.
Il ne reste plus qu'un écho
Il ne reste plus qu'un silence.

Aux confins où se fait l'oubli
Quelle douceur persiste et tremble?

La parole nous déserta.

Au plus profond de nous l'absence.

Sommes-nous source que d'oubli
Le temps sans cesse renouvelle?

6 novembre 1987

THOUGH YOUR VOICE *

Though your voice, though your gait obsess my memory,
They're but shadows, lost thoughts, echoes that never passed.
A shroud of drowsiness falls on our history
And your face glides over shimmering waters, blurry,
Unlike this beating hope, unlike this foundered past.

What could cancel the hours that we spent together?
And your mildness in me that rises and quivers
Is a much harder core than rock or column shaft.

8th November 1987

SI TA VOIX *

Si ta voix, si ton pas habitent ma mémoire
Ils sont ombres, oublis et appels jamais tus.
Un voile de sommeil tombe sur notre histoire.
Ton visage sombré glisse au flot qui se moire,
Mais non l'espoir qui bat, non ce passé qui fut.

Rien n'éteint les moments où nous fumes ensemble -
Et ta douceur en moi qui se lève et qui tremble
Est plus tenace grain que le roc et le fût.

8 novembre 1987

SLUMBERING PEAKS *

Slumbering peaks deep in our hearts,
Crystals that no flights ever touch,
You are impassable hindrance.
And storms raised by far histories
Do not ring on these boundaries
Where music is supreme silence.

But if the temples' crashing down,
And for a love lost wail and moan
Sometimes furrow these silent spells
Never may they eagles compel
Their silent hovering to bend
That no arrow ever attained.

I have dived where your image slept
And crunched underfoot clinkers left
By happiness. And the remorse
At having failed to seize my bliss
And left smile vanish from your lips
Subsided as did memories
Of you. But I shall never wean
My throat off the now dried up stream.

9th November 1987

LES CIMES DORMENT *

Les cimes dorment au fond du coeur
Cristal que n'effleurent pas les fuites
Inaccessibles,
Et les tornades des histoires lointaines
Ne retentissent pas à ces confins
Où la musique est suprême silence.

Mais si le fracas des temples écroulés
Et la plainte de l'amour perdu
Sillonnent parfois ces silences,
Ils n'effleurent pas même la paix.
L'aigle plane, inaccédé,
Et nulle flèche ne troubles son vertige.

J'ai plongé où dormait ton image.
Les scories du bonheur s'écrasaient sous mes pieds,
Le remord
De n'avoir su être heureux,
Celui de ton sourire éteint
S'effaçaient à leur tour comme ton souvenir.
Mais rien ne pourra apaiser la soif
De cette coupe où nous ne sûmes boire.

9 novembre 1987

ENCOUNTER *

We passed each other in a fragrance of spearmint
The rain had wrought for us both a cage and a shroud.
We had walked far away from the spurting fountains.
And were stray, left alone on the fringe of a dream.
The rumour of the passers-by seemed now so far
That there were left to us just the rain and the flowers.

Masks were staring at us under their stone doubles.
We knew not that the ones intended for us were
The mask of oblivion
                        and the mask of silence.

17th November 1987

RENCONTRE *

Nous nous sommes croisés dans une odeur de menthe
La pluie nous a tissé la cage et le suaire
Au lointain de nos pas jaillissaient les fontaines
Nous étions seuls perdus où commence le rêve
Et les voix des passants nous semblaient si lointaines
Qu'il n'y avait pour nous que la pluie et les fleurs.

Les masques se dressaient sous leurs doubles de pierre
Et nous ne savions pas que veillaient nos visages
La face de l'oubli
                la face de silence.

17 novembre 1987

NEITHER LOW WALL *

Neither low wall nor path entrance,
Nor furtive, disappearing glance
Behind the rubbles of salt tears.

Just the clock that has ceased to tick.
Say, why did this nail in time stick
And stay like a rent in your heart,

Like a word that's ever repelled,
Merely void with which your lips swell,

And this hope that shall nevermore
-Nor ever did- hit at the shore?

20th November 1987

NI CE MUR BAS *

Ni ce mur bas, ni ce chemin
Ni ce regard qui disparaît
Derrière un éboulis de larmes.

L'horloge qui s'est arrêtée
Comme un clou à travers le temps
Cet accroc au coeur

Comme un mot qui n'est jamais dit
Ce vide qui gonfle la lèvre.

Et cet espoir qui n'a jamais
Atteint ni ne battra la rive.

20 novembre 1987

TWILIGHT

The song, to be sure, was not lost,
But no mouth was left to sing it,
Nor, to shape the smile, were there lips,
Nor, for the avowal, were there words.
And when declined the storm of flesh,
As would the wind a cloud disperse,
Only a burnt down, reeking spot
Was left, "Field of love" to be called.

Bee-like I move about that wound
Where no orchid nor rose has bloomed
All my tunes with a voice took flight.
All stars have deserted my night.

This echo vanished in the depth
Of my silence.

21 November 1987

CLAIR OBSCUR

La chanson n'était pas perdue
Mais il n'y avait plus de bouche
Ni de lèvre pour le sourire
Ni même de mot pour l'aveu
Et quand toute la chair se fut dissipée
A la façon d'un nuage
Il ne resta plus qu'une place calcinée
Qui s'appelait le champ de l'amour.

Comme l'abeille je tourne sur cette plaie
Où ne fleurira l'orchidée ni la rose.
Toute ma musique est partie au fil d'une voix
Les étoiles ont déserté ma nuit.

Cet écho qui s'éteint au fond
De mon silence.

21 novembre 1987

DEAD CALM

In an eddy of time our story ran aground.
A mere broken off wing bereft us of the cloud
But in our memory we still hear warbling sounds
And nothing is missing under the sober shroud
But the two strangers who fancied to be living.

I have retrieved footprints that were full of cinder.
The voice did not succeed in breaking yoke or door.
By these orchids I shall keep watch over the corpse,
But the grave, I know it, I shall never enter
As the deceased posted her stronger mate before:

A heavy slab of night muzzled the howling wind.

29th November 1987

CALME PLAT

Dans un remous du temps s'échoua notre histoire.
Pour une aile brisée il n'est plus de nuage
Mais la rumeur du chant habite nos mémoires
Et rien n'a déserté notre détresse sage
Que les deux étrangers qui se croyaient vivants.

J'ai retrouvé des pas où reposaient des cendres;
La voix n'a pas brisé le carcan ni la porte.
Au buisson d'orchidées nous veillerons la morte
Mais je sais le caveau où je ne dois descendre.
Car l'absente a laissé sa compagne plus forte.

Une pierre de nuit a muselé le vent.

29 novembre 1987

SUBTERRANEAN LAKE

We outsmarted the traps absence had laid for us.
No more shall we fail to keep secret appointments
For which no one knows the password nor the defence,
Since no keep is so safe as time turned to silence.

The brooks of oblivion unyieldingly submerge
Your face, but no water wipes love off the blackboard.
Winter went by in vain and spring and year and age,
The dawn of the first day we faithfully record.

Inventors of the while when everything begins,
Whose handcuffed limbs were by the weedy paths untied,
In our inmost desires embers smoulder, dance spins.
Be, memory, the hoard where next day is denied.

5th December 1987

LAC ENFOUI

Nous avons déjoué les pièges de l'absence.
Au rendez-vous secret nous ne manquerons plus.
Nul n'en connaît la clef, nul n'en sait la défense.
Il n'est donjon plus sûr que ce temps qui s'est tu.

Au ruisseau des oublis s'enfonce ton visage
Nulle eau n'effacera l'ardoise de l'amour.
L'hiver a beau passer, le printemps, l'an et l'âge,
Nous ne déserterons l'aube du premier jour.

Nous avions inventé l'instant où tout commence.
Les chemins effacés ont dénoué nos mains.
Au coeur de nos désirs dort la flamme, ou la danse.
Souvenir sois la chambre où nous nions demain.

5 décembre 1987

EBBING

To the furthest recess of the keep I returned
That neither mercy nor respite ever attains.
Pride alone ever knew of soaring and of flight.
Yet the motto is "You shall withstand hope and fright".
A king's fate collapses as sun is declining.
I listen to the flights of ravens whose cawing
Disheartens me from unfurling the peacock's fan.
There is no humming sling spinning around my hand.
But the blossom I picked is deprived of compost.
I took root in the wind. Men, your reproach is lost
On me and my poor bliss made of deny, of glow.
Spatters of blood don't stain my shy, lonely sorrow,
But the diamond hid in my heart is my wound.
No injury is so profound.

5th December 1987

REFLUX

J'ai gagné la dernière salle du donjon
Où n'atteignent plus grâce ni répit.
Seul l'orgueil connaît l'aile et la fuite
Mais la devise est "Espoir ni peur."
Un destin royal croule avec le couchant.
J'écoute cingler les vols de corbeaux.
Je n'appelle plus l'étendard du paon.
La fronde ne ronfle pas entre mes doigts
Mais la fleur que j'ai cueillie n'a pas de terreau.
J'ai pris racine dans le vent.
Hommes, ne me reprochez pas d'être heureux.
Mon bonheur est fait de refus et de braises.
Le sang n'étoile pas ma solitude,
Mais le diamant emprisonné dans mon coeur.
Il n'est plus profonde blessure.

18 décembre 1987

DEAD FOREST

On the remote ends of my hopes
what cheering song has surged?
From the tentacles of my lust
the abyss has flared up,
A flight lurking
under the wings
of the dark brooding night.
But this travel
without farewell,
this kiss that no lips blow
Are the remnants
of your absence
And coasts guarded by remembrance
Where shall land no morrow.

If wild attempts
of self-contempt
whip against gate and cove,

There may be no
recourse nor vow
when the winner was love.

23 December 1987

FORET MORTE

Qu'est-ce aux confins de mes espoirs
que cette chanson qui déferle?
Aux bras obscurs de mon désir
j'ai trouvé le brasier d'abîmes,
Un vol tapi
sous les aisselles de la nuit.
Mais ce voyage
sans départ,
mais ce baiser qui n'a de lèvre
Sont les vestiges
de ton absence
Et sur la mer où le souvenir croise
Il n'y a plus de place pour demain.

Un tourbillon
d'aveux
bat la crique et la porte.

Il n'est plus de
recours lorsque
l'amour l'emporte.

23 décembre 1987

THEN THE VOICE

Then the voice subsides, then the lip
Then the air enclosed in the throat
And the longing that haunted you
Then even longing for longing
That keeps apart body from sleep

But now the void is lighting up
And the chasm that engulfs you
And the one who in your darkness
Bores
The only abyss with your name,
Vertigo wearing your true brow.

Become an eddy and spin round
On your silence

15 November 1988

PUIS LA VOIX

Puis la voix s'éteint, puis la lèvre
Et l'air qui habitait ta gorge
Et le désir qui te hantait
Puis le désir même du désir
Qui sépare le corps du sommeil

Alors s'allume le vide,
Puis le gouffre qui t'aspire
Et l'être qui dans ton opacité
Creuse
Un abîme qui seul a ton nom,
Un vertige, ton vrai visage.

Deviens tourbillon et tourne
Sur ton silence

15 novembre 1988

WITHOUT SUN

The bee has ceased to hum but the clock keeps ticking
Which anchor does moor it on your space so firmly?
Which path leads it to the waste land where you abide?
The winter wraps you up and sound and song subside.
And these snowdrifts shall barricade your memory.

6 December 1988

SANS SOLEIL

L'abeille s'est tue et l'horloge bat toujours.
Mais quelle amarre à ton espace la lie?
Quel chemin vers tes landes et tes espaces?
L'hiver t'enveloppe et le son meurt et le chant.
La neige barricadera ta mémoire.

6 décembre 1988

EXTINCT TIME

It's here that shall the word come to a stop. Alone
The song persists, indeed, but is no more language
But echo. A source that seems to doze and yet knows
The hidden Arcanum of both dawning and age
And of the secret knight who is riding his lone.

It was on an evening when the sunsets were dead.
I learned the code but knew that there's no remedy.
Patience and exertion are the torch on the way.
O sister tell me which fate hangs over my head!

I experienced day-time, surprised the sober dawn.
Who shall fill in the void I leave when I am gone?

7 December 1988

TEMPS ETEINT

C'est ici que s'immobilise le mot. Seul
Le chant persiste qui n'est plus langage,
Mais écho. Une source dort et connaît
Toutefois le secret de l'aube et de l'âge
Quand le chevalier secret chevauche seul.

Ce fut un soir où les couchants étaient morts.
J'appris le code et qu'il n'est pas de remède.
Patience et labeur sont le flambeau qui précède
Ma soeur me dira la sentence du sort.

J'ai connu le jour et j'ai surpris l'aube sage.
Qui comblera le vide après mon passage?

7 décembre 1988

TERRAE INCOGNITAE

On the lake that Quicksilver drains,
Lead is trailing its drawling strains.
A song of death.

On shores of ponds where wings flutter,
The crosses dotted all over
Loom in the mist.

To this place no sound shall be borne.
And twilight is, as though outworn,
In abeyance.

When did you feel such despondence?

26 December 1988

When the captain inquires his way of the old chart,
It's a volley of fears that he causes to start.
Migrant birds no more are aware of the old route
And, if the river senses its mouth and its source,
The distant stars only have set its winding course.

Ever further away, there where the night ceases.
Ever further away, there where the word blazes.

TERRAE INCOGNITAE

Au lac du Mercure mort
Le plomb traîne son chant
Mort.

Aux étangs battent les ailes
Et les croix étoilent leurs
Signes dans la brume.

Ici choît tout son
Et le jour comme las
Pend.

Cette tristesse que tu ne connaissais pas.

26 décembre 1988

Quand le capitaine interroge le portulan,
Une salve de terreur lui répond:
Les oiseaux ne connaissent plus le chemin.
Si le fleuve pressent la source et la fin,
Son cours s'nscrit à vue d'étoile.

Toujours plus loin où la nuit s'interrompt,
Toujours plus loin où se calcine le mot,

Ever further away, there where the body ends.
Ever further away, there where your visage faints.

26 December 1988

Toujours plus loin où cesse le corps,
Toujours plus loin où tu n'as plus de visage.

26 décembre 1988

Absent even from your absence,
Far from yourself you shall forget
Who you were.
If you had a body whose flesh
Is haze and mist,

A sole cry to sound the abyss.

26 December 1988

You came to the remotest cape.
Yet a call made there its escape
For unassuaged propensity.
Though to a place of low spirit
You did not come to a limit:

A uniform rotundity.

26 December 1988

As does on an eddy the foam,
I knew that flesh is a Maelstrom
Turning on void.
As does on its axis the wind
The void itself round and round spins
Upon desire.
As does around its delusion,

Absent même de ton absence.
Si loin de toi que tu oublies
Qui tu fus.
Un corps où même la chair
Est brouillard.

Un seul cri pour sonder le vide.

26 décembre 1988

Parvenu au cap extrême.
Et toutefois toujours plus loin,
Un appel qui est désir.
Parvenu où cesse l'élan
Non la route.

Rotondité.

26 décembre 1988

Comme sur son tourbillon l'écume,
J'ai su que le maelström de chair
A pour oeil le vide.
Comme sur son axe le vent
Le vide tourne sur
Un désir.
Comme autour de son illusion

**The desire which is oblivion...
Shall soon be turned to nothingness.**

26th December 1986

Un désir, un néant...
Où s'anéantissent les vides.

26 décembre 1986

BORDER SCENTS

Far back the muffled anvil beat
Of your heart, your blood's roaring cheat,
And your flesh that rants, raves and spouts

Far back this chaos unaware
Of being chaos as a song bears
It even after it's sung out

Here you shall know nothing but peace
An implacable peace

26 December 1988

A song gets hold of you and you give up the voice
A peace gets hold of you and you give up the song
Silence gets hold of you: you forget even peace
Soon you shall be even unaware of silence

26 December 1988

On my way back to my homeland
I'm weighed down by a language
Drawn from tanks full of shoreless words

26 December 1988

ODEURS DE CONFINS

Loin la forge sourde du coeur
Le rugissement du sang
Le tourbillon de tes chairs.

Loin le chaos qui s'ignore chaos
Car un chant le maintient.
Au delà même du chant

Ici tu ne connaîtras qu'une paix-
Implacable paix

26 décembre 1988

Un chant te prend et tu abandonnes la voix
Une paix et tu abandonnes le chant
Le silence et tu oublies même la paix.
Bientôt tu n'entendras même plus le silence

26 décembre 1988

Maintenant revenir au pays,
Lourd d'une langue puisée
A la citerne des mots sans rivages.

26 décembre 1988

THAT NIGHT IS KNOWLEDGE

In the midst of my stream a star is shining bright.
An abyss, a secret that on my mind is poised?
The song sounding in me is crooned by a dead voice
But would I understand this ruling fiend of mine
If I weren't a sky and wouldn't hold the night?

18th January 1989

QUE LA NUIT EST CONNAISSANCE

Une étoile au mitant de mon fleuve luit.
Est-ce mon gouffre ou le secret que je porte?
Le chant qui me hante est le chant d'une voix morte
Mais comprendrais-je le démon qui me conduit
Si je n'étais un ciel et n'enfermais la nuit?

18 janvier 1989

CONSPICUOUS SUMMIT

I won't have reigned over conspicuous summits.
Though a nightly bustle of slaves stirred my wheat blades
All I perceived of it was but the sieved shades
Of the fire whose glare lit the uppermost limits.

But since I committed to writing all I dreamt
I'll know how to tie up words drifting asunder
And how to gather in the secrets that shivered
On the fringe of the void wherein my life is framed.

Off the shore of a time when flight has taken me
I keep a watchful eye on the wake and don't know,
-Though unable to guide, skilled in astronomy,

A fool who is not fooled by the shuffling billow,
Who is tossed by the stars, more than by wind or sea
On this vessel hindered by its sail- where I go.

13th March 1989

CIME NOTOIRE

Nous n'aurons pas régné sur la cime notoire.
Les esclaves de nuit s'agitaient sous nos blés
Et nous ne connaissions que les reflets criblés
De ce feu dont l'éclat aile le promontoire.

Mais puisque j'ai fixé mon songe en l'écritoire
Je saurai renouer les mots désassemblés
Et je recueillerai le secret qui tremblait
Aux marges de ce vide où s'inscrit mon histoire.

Sur la berge d'un temps où ma fuite me prend,
Je veille sans savoir où doit finir ma trace
-Impuissant à guider, mais des astres savant,

Jouet et non joué quand la vague me brasse,
Des étoiles heurté, plus que de flots ou vents-
Où cingle ce vaisseau que sa toile embarrasse.

13 mars 1989

WINTER MORNING

Underneath icy frost, hark, a gentle song flows.
Birds, embedded in rime, cast on the house their spell
But nothing ever could freeze the heather that grows.
Their pitiless riot shall demolish the jail.

Winter who always come to whoever calls you,
After so many springs to learn the song you sing!
In peacefulness and death your wisdom keeps aglow.
The sky is wan and mild like the chirp of a finch.

To walk again the path! To sing again the song!

2nd *December 1989*

MATIN D' HIVER

Sous le givre et le froid coule une chanson douce
Les oiseaux enchâssés enchantent la maison
Mais rien ne figera la bruyère qui pousse
L'émeute sans pitié brisera la prison.

Hiver, qui viens toujours pour celui qui t'appelle.
Après tant de printemps apprendre ta chanson!
Dans la paix et la mort ta sagesse étincelle
Le ciel est pale et doux comme un cri de pinson.

Retrouver le chemin! Retrouver la chanson!

2 décembre 1989

EMERALD FOREST

Enraptured by a gem, I'd return to my rest
There where the winds calm down and the sources suspend
Inert space and movement whose runs are caused to end
By the lure of a field flagged with tatters and shreds.

T' was a triumph with flags and altars of repose.
Cold heavens have lit on the Bears in the abyss.
I'm driven back into my ultimate recess,
A green country that lies under my lids enclosed.

It is a starred world that placid power has seized,
That's full of sparkling gems and gleams, where arises
-Shining forth like a jewel- an immobility

Where dawn would set ablaze pyres and flows of sounds staunch,
If the song did not dig this trench from where to launch,
In hails of shafts, slumbers full of disloyalty.

27th January 1990

FORET SMARAGDINE

D'une gemme hanté regagner mon repos,
Où suspendent les vents et musèlent les sources
L'espace et le courant dont achève les courses
L'illusion d'un champ pavoisé d'oripeaux.

Voici qu'ont triomphé les haltes, les drapeaux.
Les froids ont allumé aux abîmes les Ourses.
Tu gagnes les confins et, dernière ressource,
Rejoins le pays vert qui règne sous les peaux.

Monde stellé qu'étreint une inerte puissance,
Où tout est pierreries et lueur et naissance
D'une immobilité qui rayonne -joyau-

Où l'aube allumerait des brasiers de silence
Si le chant ne creusait cette mine qui lance
D'une grêle de dards les sommeils déloyaux.

27 janvier 1990

GEODE

Let the dance make the hull be subject to decay,
A crucible for words, I shall free the live one.
Who can deny the wind when the oak crashes down?
In flawless crystal are breath and strength caged away.

Spirit of the whirlwind that composes my chest,
I scatter all my hours like grains I would winnow,
Concealing in myself gem and skilful tempo
In which a rising star has both start and recess.

As a spinning spiral engulfing years and miles,
The fiend abducting me I shall, some day, devour-
Theseus oblivious of the hiding monster-.

(In everlasting fields thrive the short-lasting strains)
And I shall find again, once the truce is proclaimed,
My inviolate realm that's deserted by time.

5 th February 1990

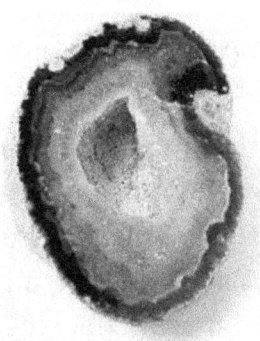

GEODE

Que la ronde à la chute asservisse l'écorce,
Je suis creuset du mot d'où sort le seul vivant
Le cèdre qui s'abat est la preuve du vent
Un cristal invaincu muselle souffle et force.

Ame du tourbillon qui compose mon torse,
Mes heures dispersant comme la graine au van
Je recèle la pierre et le rythme savant
Qui d'un astre levant sont la mine et l'amorce.

Spirale engloutissant les bornes et les ans
Je serai le mangeur du monstre qui m'enlève-
Thésée insoucieux du secret qui l'attend-

(Sur champ d'éternité pousse la chanson brève)
Et je retrouverai quand sonnera la trêve
Mon centre inviolé que déserte le temps.
5 février 1990

CRUCIFIXION

Of no use is the chant of the angel. He hangs
Over this abyss where the pulse of time stands still.
He considers himself. They give no moan, no cry,
As he passes away. A soaring lark, a trill.
To cover this sorrow a marble net was spun.
Beggar harassing us, will you in the beyond..?-
Leave my silence to which all is dead, passer-by!

Perugino. Santa Maria dei Pazzi (Florence)
22nd April 1990

Note: refers to a picture by Perugino

CRUCIFIXION

Le chant de l'ange est sans pouvoir. Suspendu
Sur cet abîme où ne bat plus le temps
Il est celui qui se contemple et s'efface
Ni pleur ni cri. Un vol d'alouette, ou son chant.
Un filet de marbre sur la douleur tendu.
Le mendiant qui nous harcèle ici, mais au-delà-
Hors mon silence à tout défunt, toi qui passes.

Perugino. Santa Maria dei Pazzi (Florence)
22 avril 1990

Le poème décrit un tableau de Perugino

CRYSTAL BODY

To become a mirror and new meaning contrive.
The song you caused to rise shall become source and path,
Faulty Aldebaran, of screening walls deprived.
Boundless flight shall sketch in the face of the far wraith
Who surrounded your rest, your sense with your own fires.

A sphere changed to a hub distorts your memory.
May the wing be the point whence tears itself the cry?
To inmost depths unroll the scroll, transparency,
Of forbidden knowledge where the world is inscribed!

Waves in renewed breakings shall dispose of your spear
And of your torch that sinks into this glittering jails
So that final display in sheer radiance appear.

The diamond shall tip the restless, wobbling scales:
Sparkling shall blind your eye. Silence shall numb your ear.

20th May 1990

Note: Sky by day

CORPS DE CRISTAL

Devenir le miroir. Réinventer le sens.
Le chant que tu levas deviendra source, sente,
Aldebarran fautive où les murs sont absents.
Un vol illimité dessinera l'absente
Qui cerne de tes feux tes haltes et tes sens.

Une sphère en moyeux agence ta mémoire.
L'aile est-elle le point d'où s'arrache le cri?
Transparence, au tréfonds déroule le grimoire.
Un savoir interdit où le monde s'inscrit.

L'onde en bris renoué dispersera ta lance
Et lueur, en l'éclat englouti, ton fanal,
Le seul rayonnement formera ton final.

Le diamant immobilisera la balance.
Eblouissement. Scintillation. Silence.

20 mai 1990

Note : Ciel de jour

EBONY BODY

A buried star from which daylight has ceased to shine
Into the leaden sea sank on the blood-hued shore.
The sky submissively does not stir any more.
Can the word that all things in deep silence confine
Be claimed by shriller shrieks, by louder songs be sung?

The ant bear burrowing into these entrails got
The scent of sounds, atoms and flights, all in a maze.
Stars that do not glimmer, entangled in that knot,
Interweave their frolic and their motionless chase,

And they divest your eyes by their swiftness, this smart
Eyrie, spinning eddy of grains that the void hails.
The flight blurs the flapping of the wings in its trail.

Invisibility when the wall falls apart,
A vibrant, thick and hard but a breaking rampart.

21st May 1990

Note: Sky by night

CORPS D' EBENE

Un astre enseveli dont le jour est absence
Dans le plomb s'est couché sur la rive du sang.
Le ciel de se mouvoir accepte l'impuissance
Est-il cri plus aigu, est-il chant plus puissant
Qui du mot que tout tait donnerait connaissance?

Aux entrailles fouillant flaire le tamanoir
Une masse d'échos, d'atomes et de fuites.
Des étoiles sans feux habitent ton manoir,
Entrecroisent leurs jeux, immobiles poursuites,

Dépossèdent tes yeux par la vitesse, sûr
Repaire, tournoiement d'un grain que vide hèle.
Le vol anéantit le battement de l'aile.

Invisibilité quand s'efface le mur
Pour un rempart qui vibre et qui rompt, dense, dur.

21 mai 1990

Note: Ciel de nuit

LUDOVICUS MAGNUS

With your twisting fist and your horse made to rear up,
Your glance challenging the sky slashed with sabre-cuts,
Turbulent master and liege lord of yester night,
Could you muzzle surging uproar and dreadful plight-
Blazing sun or clotted blood in a marble cup?

Bernini- Versailles Gardens
7th November 1990

Note: refers to an equestrian statue of Louis XIV in Versailles Gardens

LUDOVICUS MAGNUS

Le poing qui tord, l'essor du cheval cabré,
Et ton regard, défi sur le ciel sabré,
Tumultueux, de l'autre nuit maître et lige,
Muselais-tu ce tumulte où tu sombrais-
Soleil –éclat ou marbre clos qui te fige ?

Le Bernin- pièce d'eau des Suisses
7 novembre 1990

Note : le poème décrit une statue équestre de Louis XIV qui clôt la perspective de la Pièce d'eau des Suisses

SONG OF THE SEASONS OF SCHIFANOIA

With your spindles you fix, spinning girls, our shadows,
But mind you don't hinder Apollo's slow journey
And don't stop the river that in conformity
With the decrees of stars, seasons and hours flows
And yet keeps motionless despite our entreaty.

Dance, go round, sparkling jewels on wreaths that are endless.
Shine on this abode where lust grows to greediness.
The fifth girl to sing shall fill a grave presently.

30th May 1991

Note: The poem refers to frescoes in a palace of Ferrara

CHANT DES SAISONS DE SCHIFANOIA

Vous fixez aux fuseaux nos ombres, filandières,
Mais n'interrompez point la course d'Apollon
Et n'immobilisez le fleuve qui selon
Les astres, les saisons, les heures coule au long
D'une immobilité que n'atteint la prière.

Ronde, tourne, joyaux des couronnes sans fin.
Etincelez où le désir connaît sa faim.
La cinquième à chanter habitera la bière.

30 mai 1991

Note : le poème a trait à une fresque d'un palais de Ferrare

HEAVINESS

No rolling. The cry that orders space. The distant
Weight of dreams and bones is abolished. Replacement
By a new weight. Without sun or wind. Star that's closed.
(Supreme love, when did you ever enjoy repose?)
On the wild hawk has closed the snare of the outrage.
No rolling, no heartache.
                          Leaden cover, stone grave.

16th August 1991

LOURDE

Ni le roulis. Le cri s'agence. S'achève
Le poids lointain de rêves et d'os. Relève
D'un nouveau poids. Soleil ni vent. Astre clos.
(Suprême amour, as-tu connu ton repos?)
Sur l'épervier s'est refermé le scandale.
Ni le roulis, ni le dépit.
                      Plomb et dalle.

16 août 1991

FINISH

Finished is your inward crooning. And with it fi
nished your waiting, O heart rebelling doggedly,
No more collapse, nor on dizzy heights winds that hiss-
Finish. The square where clocks strike twelve remains empty,
The shot rang loudly.   And all of a sudden
There was such peace, and such silence, such silent peace

17th August 1991

FINI

Elle a fini la chanson secrète. Elle a fi
ni l'attente, le coeur qui maintient le défi,
L'éboulement, l'escalade, le vent qui hèle-
Fini. La place vide où résonne midi,
Le coup de feu qui retentit.
                        Et soudain
Une telle paix, une telle paix, une telle

17 août 1991

RUBBING UP TIME THE WRONG WAY

The scythe subsides.
                            Fetters that don't clank any more,
Pasture lands entangled by the wind. Heather. Moor.
River of blood flowing ignorant of its source,
Lands of my memory for which I shall set course:
That's where I'll hear again this ancient song of mine,
This whispering tasting like rejoicing sunshine.

21st August 1991

REBROUSSE TEMPS

La faux se tait.
                  Où ne sonnent plus les entraves,
Landes. Le vent enchevêtrera les pacages.
Fleuve d'un sang qui ne connaît plus sa source
Je regagnerai les terres de la mémoire.
Pour y retrouver ma cantilène assidue,
Ce chuchotement qui a le goût du bonheur.

21 août 1991

LOOK-OUT

Pilgrims' records, old maps, stars: in the lands beyond
A velvet tape is tied round parchments, vales and tombs.
The star where are patched up your shreds of maps flickers
But its voice is mere wind, alien, strange, -sinister.
(Harmony reigns in these fields bare of horizons)
You gather among the heathers of your reason
A vibration that for your history accounts.

The silence in the depths is like a backward ebb.
Heavens dazzle under the tightly closed lids.
Heaviness -more than wings- to the well-known hymns leads.
Bear in mind that you should never again desert
The other bounds where absence to presence reverts.

27th April 1992

GUETTEUR

Des confins- pèlerins, portulans, astres, mémoire
Le velours unit parchemins, déclins et tombeaux
L'étoile cligne où se raccordent tes lambeaux
Mais la voix est vent étrangère, étrange, -noire.
(Accord et paix d'espaces sans horizons)
Et tu recueilles des landes de ta raison
Une vibration que tu appelles ton histoire

Aux profondeurs le silence est un reflux.
Ciel étincelant sous les paupières denses.
Le poids plus que l'aile mène aux cantiques sus.
Que ton savoir soit de ne déserter plus
L'autre confin où s'achève ton absence.

27 avril 1992

ASTRONOMER

Bow. Orbs circling on lines where, a dazzling display,
They spit flames as they speed past and vanish away,
Cauldron overflowing with eternities and
Twisted reflection of a dead sky, a dead end.

Or comets with long hair flowing from crown to heel,
With raised breast and pulled in stomach shaping a wheel
That is starred refusal of pleasure due to me
Compelling my impulse to become more worthy:

I shall be master of the unyielding axis,
Which keeps pointing down to the nadir, since there is
Nothing that rules the world but figures and language.

You, eddies of atoms, tied or cancelled by age,
Say, which of bent body or of bent universe
Is freedom or is fence, which is fair or perverse.

1st May 1992

Note: Michel had a small telescope.

COSMIQUE

Arc. Eblouissement de sphères et de lignes
Où crépitent en feux leurs passages perdus,
Chaudron d'éternités à vau le temps et du
Mirage d'un ciel mort, tordu -forces et signes-

Ou chevelure, front qui le talon assigne
Pour, roue, hissé le sein et le ventre tendu,
Etoiler d'un refus ce plaisir qui m'est dû,
Transmuant son élan en tel autre plus digne:

Devenir maître de l'inflexible pivot
Qui ne sait du nadir dévier quand prévaut
Le seul emportement du chiffre, du langage.

Atomes, tourbillons que fige, annule l'âge,
Dites du corps ployé, du ployé firmament,
Qui m'emporte ou m'enclôt; qui m'éveille ou me ment.

1er mai 1992

Note: Michel avait chez lui un petit télescope

ABYSMAL GARDEN

Perfumes and convulsions and repose. And wild arms
That grope and seek refuge in arms protruding from
The bark, impatiently. They crunch and crackle on
A pyre when they spread to a fan their darts in swarms.

But it's a fireless fire. Desire is the sole glance.
There where no voice reaches, the hunters track you down.
The interwoven paths of the night must be known
To the god hid in you, possessed by vigilance,

For iris, aconite and periwinkle reign
On whose mornings your host wants his revenge to gain,
Once the root has become for the wind a chalice.

Within these swells of silt and musical darkness
Be this rebellious god that he may have access
To the brightness rising from the scarlet abyss.

1st May 1992

JARDIN EN ABÎME

Parfums, convulsions et repos. Hagards
Bras tâtonnant vers le refuge de bras qu'
Outre l'écorce avance une attente et craque
Pour en brasier éployer l'essaim de dards.

Ici nul feu. Le désir est seul regard
Et les chasseurs aux outre -voix qui te traquent.
Savoir la nuit! Chemins qui tressent, qui raquent.
Si, plus profond le dieu qui veille en toi, car

Règnent le nard, l'aconit et la pervenche
Sur leurs matins ton hôte veut la revanche
Quand la racine est le calice du vent.

Houles, limons et noirceurs musiciennes.
Deviens ce dieu rebelle qui fasse sienne
Une clarté montant des gouffres du sang.

1er mai 1992

UNDERWOOD

Wedding. The leaves don't stir in leaden gravity,
A sieve of slumbering fire covers the moss
Seized by some dreadful dreams and in mirages lost,
It is lulled by a long and obstinate ditty.

Your vigilance is that of a watching vulture.
The wheel rotates o'er your unsettled furnaces.
But to give an account, you're in need of voices,
Of this obsessive fear, this age and this torpor.

Shadow. Moments kneaded with inconsistency,
Wheel spinning the instant, slow humming, bottomless
Abyss where all echoes subside, - cry of distress
To the look-out of the only silent country.

1st May 1992

SOUS-BOIS

Noces. Le plomb immobilise feuillages,
Cribles de feu sur les mousses assoupis
Par la longue chansonnette sans répit,
Sur un effroi fait de sommeils, de mirages.

Veille l'autour de ta vigilance et si
La roue tourne sur tes brasiers indécis,
La voix manque qui tresserait en récits
Cette torpeur, cette hantise, cet âge.

Ombre. Moments d'inexistences pétris,
Rouet d'instants, bourdonnement lent et lan-
cinant abîme où tout écho meurt- et cri
Pour le veilleur du seul pays de silence.

1er mai 1992

CHRONOS

O faceless one, O blood that from the sole heart streams
Once lit up you're supposed to be salt, soil, solace,
A sea where lingers on the splendour of a face
That means to be a rock, unaware of its dreams,

Cracked rock exuding in continuous flow,
Year after year, rituals, appropriate and sound,
(Though, when a squeak is heard in the world's underground
You may suspect, sometimes, the change you undergo),

Broken isle, floating wreck. Yet, either ship or reef,
You delude yourself with the deceptive belief
That a mere shell may be the pretext for a flood,

Soil that the brine has drenched and spoiled and watered down
(Hardened dream whose substance remained a dreamed up one)
Your short-lived clot shall be diluted in the blood.

7th May 1992

CHRONOS

Le sans - visage, sang du seul coeur issu,
Sous la clarté devenu sol, sel, usages,
Mer où surnage la splendeur d'un visage
Qui se croit roc sur un sommeil jamais su,

Bloc fissuré d'où coulent, fluent et se suc-
cèdent, an après an, rituels sages,
(Et quelquefois il se devine passage,
Cet univers, pour un craquement perçu)

Île brisée et flottaison, il et île
Enorgueilli de la croyance futile
Qu'un coquillage est le prétexte du flot,

Sol refondu de la saumure qui ronge
(Songe durci, mais la substance est de songe)
Puis dans le sang diluant son bref caillot.

7 mai 1992

IF POSSESSED BY SLEEP *

If, possessed by sleep, you wander where the sky
Persists in blurring its mirrored image, reason,
And carry on walking on the edge of the town
And you're panting with thirst, feeling the sap run dry,

When patches of light on pavements and on dreams lie
And immobility has become a prison,
A heart that stubbornly chains you up, orison
Of the gardens deadened by the short-shadowed time,

- Monochrome flights of stairs on slow moments linger -
Climb up, no Lancelot will challenge the wrestlers.
The tigers on the lawns down the waves are drifting.

The closed garden is still, so is the darkening lounge
Where the awakening girl complains that for this strange
Dream she was but a ring to prevent its fraying.

27th July 1992

SI DE SOMMEIL HANTE *

Si de sommeil hanté, errant où ne s'achève
Le ciel ou son miroir inverse, la raison,
Tu prolonges ta marche aux rives des maisons
Quand halète la soif, agonise la sève-

Le feuillage ocellant le trottoir et le rêve-
Quand l'immobilité bâtissant la prison
Un coeur obstinément t'enchaîne, l'oraison
Des jardins assourdis, au temps de l'ombre brève.

Perrons et camaïeux flottent sur des lenteurs.
Nul Lancelot, gravis, ne brave les lutteurs.
Les tigres des gazons dérivent vers la vague.

Silence au jardin clos, au salon annuité
Où la fille au réveil geint de n'avoir été
Pour le songe qui s'effiloche qu'une bague.

27 juillet 1992

ALPHABET

A brightly coloured day encouraging freely
Great hordes in joyfully knowable lavishness
May not order people queer rogues so to upset
Without xenophobic yesterday's zoolatry.

27th July 1992

ALPHABET

Astres, brutes chaussées d'effrois, frêles granules,
Hautains, incendiez, joyaux, kriss lumineux,
Mais n'osez pas que rois souterrains, ténébreux,
Ululant vers wadi, xènes y zinzinulent!

27 Juillet 1992

Contents

PREFACE	4
MERMAID'S SONG 1	24
MERMAID'S SONG 2	26
MERMAID'S SONG 3	28
MERMAID'S SONG 4	30
MERMAID'S SONG 5	32
MERMAID'S SONG 6	34
MERMAID'S SONG 7	36
MERMAID'S SONG 8	38
MERMAID'S SONG 9	40
HUNGARY TWENTY YEARS AFTER - 1958 (First Part)	42
HUNGARY TWENTY YEARS AFTER - 1958 (Second Part)	44
TO	46
WHEN FOR SUMMER'S WEDDING *	48
THE DOORS *	50
ERASED PATHS	52
AN ANGEL*	54
SIDEREALS	56
I RETURN*	58
TABLE HASTILY LAID*	60
AGEING BODY*	62
INSTANT*	64
OPHIR*	66
TALENT*	68
MISSING INSPIRATION*	70
EBB	72
MIDNIGHT*	74
LEAVES ARE LIES	76
THE PINDAYA CAVES	78

BRIEF ENCOUNTER	80
WINGED PONDEROUSNESS	82
SOOTHSAYING *	84
CHARIOTEER *	88
VERTIGO *	90
YOUR MORNING *	92
THE END *	94
WAN FACE OF THE MOON*	96
ALMSGIVING	98
NIGHT	100
THE ASSAULT	102
THE BROKEN BEGGAR'S BOWL	104
THE UNFINISHED WORD *	106
FOREST	108
HEAT WAVE	110
WINDOW FLOWERS	112
ON THE FRINGE OF SLEEP	114
MIRROR	116
LISTENING TO SILENCE	118
STEPS IN THE AIR	120
HIROSHIMA	122
MIRACLE GARDENS	124
FIRESTONES	126
THE BLACK DEATH (THEODOR KITTELSEN)	140
GRUNEWALD'S ALTARPIECE	144
NEITHER MOUTH NOR WIND *	148
RAUCOUS THE WORDS *	150
THOUGH YOUR VOICE *	152
SLUMBERING PEAKS *	154
ENCOUNTER *	156

NEITHER LOW WALL *	158
TWILIGHT	160
DEAD CALM	162
SUBTERRANEAN LAKE	164
EBBING	166
DEAD FOREST	168
THEN THE VOICE	170
WITHOUT SUN	172
EXTINCT TIME	174
TERRAE INCOGNITAE	176
BORDER SCENTS	184
THAT NIGHT IS KNOWLEDGE	186
CONSPICUOUS SUMMIT	188
WINTER MORNING	190
EMERALD FOREST	192
GEODE	194
CRUCIFIXION	196
CRYSTAL BODY	198
EBONY BODY	200
LUDOVICUS MAGNUS	202
SONG OF THE SEASONS OF SCHIFANOIA	204
HEAVINESS	206
FINISH	208
RUBBING UP TIME THE WRONG WAY	210
LOOK-OUT	212
ASTRONOMER	214
ABYSMAL GARDEN	216
UNDERWOOD	218
CHRONOS	220
IF POSSESSED BY SLEEP *	222

ALPHABET 224

Title illustration by John William Waterhouse (1849-1917)